Westöstliche Weisheit

Visionen einer integralen Spiritualität

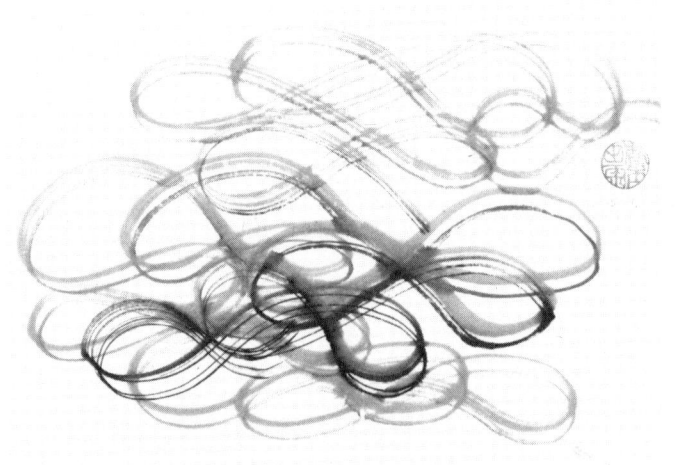

Willigis Jäger

Westöstliche Weisheit

Visionen einer integralen
Spiritualität

Theseus Verlag

Inhalt

Vorwort von Raimon Panikkar — 7

Einleitung Westöstliche Weisheit — 13

Teil eins Die vier großen Menschheitsfragen — 21
  Woher kommen wir? — 22
  Wer sind wir? — 31
  Warum sind wir hier? — 35
  Wohin gehen wir? — 46
  Fragen und Antworten — 50

Teil zwei Religion in der Krise — 61
  Die Bedeutung der Religion — 64
  Das dualistische Weltbild — 67
  Tod und Auferstehung Gottes — 77
  Fragen und Antworten — 81

Teil drei Auf dem Weg zu einer Weltmystik — 87
  Der Weg der Kontemplation — 89
  Der Weg des Zen — 91
  Das Gemeinsame der mystischen Wege — 95
  Westöstliche Spiritualität — 104
  Die letzte Wirklichkeit — 110
  Fragen und Antworten — 116

Danksagung

Dieses Buch wäre nicht erschienen ohne die Mithilfe von Ursula Richard und Christa Spannbauer. Ich sage ihnen herzlichen Dank für ihre Unterstützung. Mein Dank gilt auch Katharina Shepherd-Kobel für ihre ausdrucksstarken Tuschbilder.

Vorwort

von Raimon Panikkar

Es ist mir eine Freude, meine anderen Verpflichtungen zu unterbrechen, um dem Buch eines guten Freundes diese kurze Besinnung voranzustellen. Eine Freude, weil die Freundschaft eine der höchsten Werte des Lebens ist – wenn wir diese hohe Tugend nicht mit Interessengemeinschaft verwechseln. Es ist gleichzeitig aber auch ein »Oxymoron«, weil ich »verdammt bin, ein Philosoph zu sein« (um mit Fichte zu sprechen), und daher eine andere Sprache anwenden und andere Gedanken aussprechen würde. Aus dem Blickwinkel einer anderen Kultur kommend, betrachte ich weder die lineare Zeit noch Geschichte und Wissenschaft als endgültige Werte, und ich möchte betonen, dass die westliche Zivilisation trotz ihrer technologischen Dominanz eine Minderheit bleibt in einer Welt, die sich heutzutage in einer tiefen Krise befindet. Ich stimme mit dem tiefsten Anliegen des Freundes völlig überein, die heutige Oberflächlichkeit zu überwinden und die Freiheit des Menschen zu verteidigen – vor allem in den Gebieten, in denen unser Schicksal sich abspielt. Es wäre jedoch unglaubwürdig, ja, fast verdächtig, wenn wir in allem identischer Meinung wären. Die Wahrheit ist sinfonisch, hat jemand gesagt, und ich spiele eine andere Note in dem gleichen Orchester.

Wie uns Pater Willigis sagt, sind die meisten organisierten Religionen alt und ehrwürdig, aber auch veraltet und erstarrt. Seit Jahrzehnten »predige« ich die Konversion der Religionen. Willigis Jäger hilft uns, frische Luft in dieses Gebiet zu atmen.

Das Wort Spiritualität ist eine sanfte Reaktion gegen die »Verkalkung« der Religionen. Wie Willigis Jäger deutlich macht, handelt es sich jedoch nicht darum, »das Kind mit dem Bade auszuschütten«, sondern den wahren und tiefsten Kern einer jeder Religiosität neu zu erleben, zu erfahren und zu vertiefen. Die echte Religion, wie der Name selbst besagt (*religare*, *relegere* und *religere*), ist das, was uns aus dem Kerker unserer Einsamkeit (Individualität) befreit – wobei Individualität nicht mit Singularität zu verwechseln ist. Die Religion verbindet uns mit der ganzen Wirklichkeit, und gleichzeitig entbindet sie uns von allen Bindungen. Die Freiheit ist die Säule einer jeden echten Religion. Wie auch der Koran sagt, duldet die Religion keinen Zwang.

Es gibt auf diesem Gebiet einen wichtigen Begriff, den man auf Deutsch leider nicht genügend unterscheiden kann: *foi* und *croyance*, *faith* und *belief*. Glaube darf sich sicher nicht mit Glaubenssätzen identifizieren, denn deren Vermischung hatte verhängnisvolle Folgen für die Geschichte. Jeder Mensch hat einen Glauben, nämlich das Bewusst-

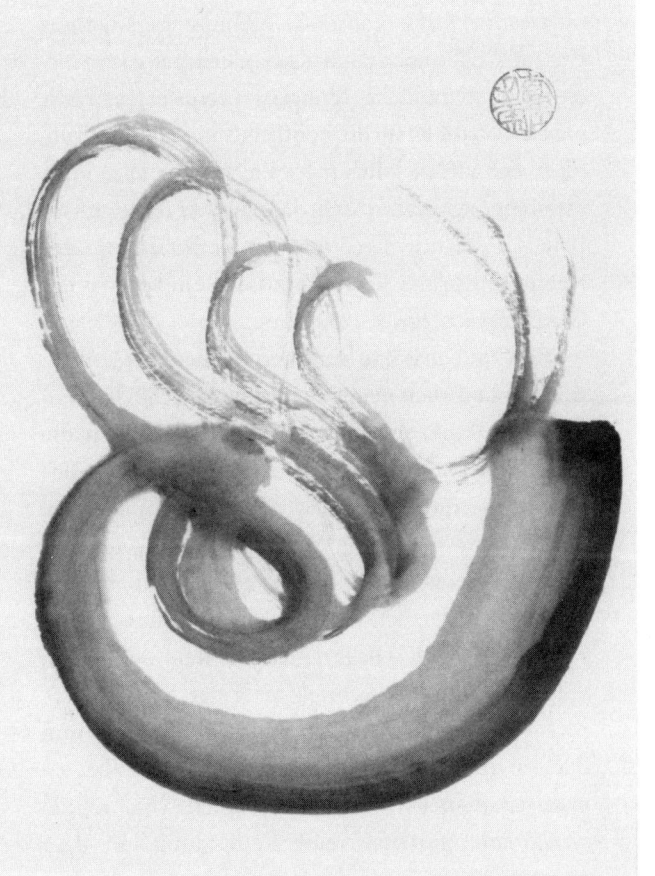

sein, dass er nicht alles weiß und dass es mehr gibt, als er begreifen kann, und dass ein Unendliches vor ihm steht. Man könnte paradoxerweise behaupten, dass der Glaube das Bewusstsein der eigenen Ignoranz ist. »Docta ignorantia« nannte es Nikolaus Cusanus, oder noch eindrucksvoller: »Selig sind die, die eine unendliche Ignoranz (*agnosia*) erreicht haben«, sagte Evagrius Ponticus, ein anderer Mystiker, vor vielen Jahrhunderten. Da wir aber auch rationale Lebewesen sind, drücken wir dieses unser Bewusstsein mit den Worten aus, die uns unsere eigene Kultur zur Verfügung stellt. Und das ist der Glaubenssatz (*belief, croyance*).

Die Glaubenssätze sind verschieden, oft unverträglich und auch manchmal widersprüchlich – und Gott sei Dank, möchte ich hinzufügen, denn die »letzte Wirklichkeit« ist unbegreiflich, und jede Behauptung von ihr spiegelt nur eine Annäherung wider. Wenn die ganze Welt nur einfarbig und die Menschen einstimmig wären, ginge nicht nur ein großer Teil der Schönheit des Universums verloren, sondern es würde auch der Reiz des Leben verschwinden – so schrieb auch der heilige Thomas von Aquin. Zur *Harmonie* des Lebens und der Religionen müssten wir streben; nicht aber zu einer mathematischen Einförmigkeit. *Una religio circumdata varietate*, eine Verbindung mit dem Mysterium im Glanz der Verschiedenheit, wie Nikolaus Cusanus sagte.

Das Buch, das ich die Ehre und Freude habe vorzustellen, öffnet uns breite Horizonte und befreit uns von sämtlichen »Mikrodoxien«.

Man würde nun meines Erachtens die Absicht des Verfassers gänzlich missverstehen, wollte man meinen, dass er uns empfehle, ohne Religion zu leben. Was er verkündet, ist die Freiheit der Kinder Gottes – wobei ich sofort hinzufügen möchte, dass »Gott« nicht der einzige Name jenes Mysteriums ist.

Es steht mir nicht zu, den Wert des Schweigens eines Zenmeisters aufzuzeigen, das hinter seinen Werken steht. »Tibi silentium laus«, singt ein Psalm (LXIV, 2): »Schweigen ist Dein Lobgesang.« Ich möchte diese Stille nicht stören. Möge die Lektüre seines neuen Buches Frieden und Freude vermitteln.

R. Panikkar
Advent 2006

Einleitung

Westöstliche Weisheit

In allen Menschen wohnt offensichtlich eine unstillbare Sehnsucht nach transzendenter oder spiritueller Erfahrung, auch wenn sie sich nicht mehr einer traditionellen Religion zugehörig fühlen. Die »postsäkulare« Gesellschaft sucht nach der Erfahrung des Religiösen im Leben. Der Befreiungstheologe Ernesto Cardenal sieht sogar noch im Streben nach materiellen Dingen, nach Ruhm, Ansehen und Macht diese andere, tiefere Sehnsucht aufscheinen. »Der unsichtbare Hunger der Diktatoren nach Macht und Geld und Besitz ist in Wirklichkeit Liebe zu Gott. Der Liebende, der Forscher, der Geschäftsmann, der Agitator, der Künstler und der kontemplative Mönch, alle suchen sie dasselbe, nämlich Gott und nichts als Gott.«

Aber wo suchen? Der Kirchenvater Augustinus sagt: »Suche, was du suchst, aber nicht dort, wo du es suchst.« Im Zen heißt es: »Wenn du nach der Wahrheit suchst, dann bist du schon von ihr getrennt.«

Hier im Westen hat sich in den letzten Jahren ein globaler Supermarkt der Spiritualität entwickelt. Eine Orientierung ist nicht einfach, und die Gefahr,

Scharlatanen in die Hände zu geraten, ist groß. Wo also suchen?

Es ist mein Anliegen, mit diesem Buch – ebenso wie mit meinen Kursen und Vorträgen – hilfreiche Perspektiven aufzuzeigen gerade für jene Menschen, die keine Orientierung in den traditionellen Religionen mehr finden.

Wenn ich im Folgenden das Wort »Gott« benutze, dann meine ich nicht ein personales Wesen außerhalb. Das Wort verweist auf ein »Absolutes Bewusstsein«, das rational nicht begriffen werden kann. Es bedeutet für mich eine hintergründige Wirklichkeit, die sich in alles ergießt, was Form hat und was diese Form doch nicht ist.

Im ersten Teil des Buches geht es mir um die großen, existenziellen Menschheitsfragen, um die Fragen, die die Menschen seit jeher beschäftigt haben, Fragen nach unserem Woher und Wohin, nach dem Sinn menschlicher Existenz.

Im zweiten Teil beschäftige ich mich mit der Krise, in der sich die christlichen Religionen seit geraumer Zeit befinden, eine Krise, die sich nicht zuletzt darin zeigt, dass sich immer mehr Menschen auf der Suche nach alternativen Sinndeutungen von ihnen abwenden. Der Einfluss der institutionalisierten Religionen nimmt spürbar ab, während zugleich eine ganz neue religiöse Sensibilität erwacht. Letztlich drehen sich die Religionen noch viel zu sehr um sich selbst und haben nicht Schritt gehalten mit der Entwicklung des Menschen. Auch Religionen müssen sich, entsprechend der Gesamtentwicklung des Menschen, wandeln, um zu einer zeitgemäßen Spiritualität zu führen. Sie brauchen heute mehr denn je nicht nur eine Reformation, sondern eine Transformation.

Im dritten Teil stelle ich einen spirituellen Weg vor, für den die Essenz der religiösen Traditionen zentral ist und den ich »Westöstliche Weisheit« nennen möchte. Es ist ein klarer Weg, der alle, die ihn gehen wollen, in eine transkonfessionelle religiöse Erfahrung führen will. Er verlangt Entschlossenheit und Vertrauen in jene Dimensionen, die einer Weltsicht und Anthropologie des 21. Jahrhunderts gerecht werden. Diesen spirituellen Weg können alle beschreiten, ob sie sich einer Religion zugehörig fühlen oder nicht – ob Christen, Anti-Theisten, Ungetaufte oder Angehörige anderer Bekenntnisse. Der hier beschriebene Weg der »Westöstlichen Weisheit« führt über alle Dogmen und Bekenntnisse hinaus.

Er ist bereits einige Jahrtausende alt und in alle Religionen eingegangen und heute aktueller denn je. »Westöstliche Weisheit« lehrt die Grundstruktur der spirituellen Wege des Ostens und des Westens als einen traditionsübergreifenden spirituellen Übungsweg und umfasst eine Bewusstseinsschulung, die Körper, Psyche und Geist integriert. Dieser Weg enthält traditionsinspirierte Formen und Rituale und führt in den Alltag als Platz der Bewährung. Man kann ihn gehen und gleichzeitig in der Konfession bleiben, der man sich zugehörig fühlt. Er ist aber auch für all jene, die sich keiner Religion zuzählen. Die mystischen Erfahrungen, die auf dem Weg gemacht werden, können in der jeweiligen religiösen Sprache ausgedrückt werden, in der man beheimatet ist. Die Erfahrungen lassen sich aber ebenso gut auch poetisch, bildhaft oder psychologisch ausdrücken.

In allen spirituellen Wegen, die zur Innenschau führen, können wir erfahren, dass wir keine isolierte Einheit sind, sondern dass alles eins ist. Versuchen wir, diese Erfahrung in Worte zu fassen, können wir kaum vermeiden, uns der vertrauten Bilder und Konzepte zu bedienen. Für die Wissenschaft ist diese Sprache nicht annehmbar. Was nicht gewogen, gezählt, gemessen und berechnet werden kann, wird von ihr nicht akzeptiert. Und doch geht die mystische Erfahrung mit messbaren neurologischen Prozessen einher, »die zwar ungewöhnlich sind, aber nicht außerhalb des Spektrums normaler Gehirnfunktionen liegen. Mit anderen Worten, mystische Erfahrung ist biologisch real und naturwissenschaftlich wahrnehmbar«, so der amerikanische Hirnforscher und Religionswissenschaftler Andrew Newberg in seinem Buch *Der gedachte Gott*. Sie ist ein anthropologischer Faktor und ein Wesensmerkmal menschlichen Seins. Das Erfahrene selbst entzieht sich jedoch jeder Messung, denn die Erfahrung geschieht in einem transrationalen Bewusstseinsraum. Folgendes mag das Gemeinte veranschaulichen: Ein Analphabet, der vor einem Gedicht sitzt, kann die Buchstaben zählen, er kann Höhe und Breite messen und so weiter. Das Gedicht verstehen kann er auf diese Weise nicht.

»Westöstliche Weisheit« zeigt uns den Weg zur nächsten Entwicklungsstufe unseres Bewusstseins, sie vermittelt uns ein ganz neues Verständnis und will zu einer Erfahrung hinführen, in der es keine Trennung mehr zwischen Gott und Mensch gibt, sondern ein kontinuierliches Erwachen des »göttlichen Bewusstseins« in uns Menschen. »Westöstliche Weisheit« verweist auf den mystischen Strom, der sich zeitlos durch alle Religionen zieht. Dieser Strom führt letztlich über jede Religion hinaus in die Erfahrung der Wirklichkeit, in die Erfahrung der Einheit allen Seins. Diese ewige Weisheit bedeutet ein Einschwingen in das kosmische Gesetz.

Der mystische Weg führt immer wieder zurück in die Welt und in die Weltverantwortung. Er führt in die Aktion, ins Handeln und zum Mitmenschen und ist Grundlage einer Ethik der Liebe, die im anderen Menschen sich selbst erkennt. Wir brauchen diese mystische Erfahrung, um die Erde und die Menschen heil in die Zukunft zu bringen.

Der Weg der »Westöstlichen Weisheit« ist lebensbejahend und weltzugewandt. Verantwortungsbewusstsein für ein menschenwürdiges Dasein, für Ökologie, Frieden und soziale Gerechtigkeit sind eine selbstverständliche Begleiterscheinung dieses spirituellen Weges. Die Mystik bietet der Welt vielleicht die letzte Hoffnung auf eine menschenwürdige Zukunft. Sie zielt auf die Erfahrung der Einheit allen Seins. Das ist die eigentliche Revolution, die uns Menschen bevorsteht. In dieser Erfahrung liegt meines Erachtens die Rettung der Menschheit.

Teil eins

»Die entscheidende Frage
für den Menschen ist:
Bist du auf das Unendliche bezogen
oder nicht?«

C. G. Jung

Die vier grossen Menschheitsfragen

Woher kommen wir? Wer sind wir?
Warum sind wir hier?
Wohin gehen wir?

Immer wieder stellt sich mir die Frage nach dem Sinn unseres Daseins. Warum sind wir hier? Warum existieren wir überhaupt? Wohin gehen wir? Sind wir wirklich das »ganz Besondere« unter den Millionen von Lebewesen? Was haben die anderen Wesen für eine Bedeutung? Wir Menschen wollen ewig leben. Was ist mit all den anderen Lebewesen?

Die Frage nach unserem wahren Wesen und die Frage nach einem Weiterleben nach dem Tod müssen wir uns immer wieder neu stellen. Die alten Antworten reichen nicht mehr. Die Frage nach dem Sinn unseres Daseins, die schon Gilgamesch vor 3700 Jahren umtrieb und in geistiger Umnachtung enden ließ, ist aktueller denn je. Die meisten von uns haben heute ein Bankkonto, einen Beruf, ein Auto, manche ein Haus und so weiter und fragen sich: »Kommt da noch etwas, oder war es das? Ist das alles?« Wir sind nur ein Wimpernschlag in diesem zeitlosen Universum. Was hat er für einen Sinn?

Seit der Mensch Geist entwickelt hat, stellt er diese Fragen, und die Religionen haben ihm darauf die verschiedensten Antworten gegeben. Die Art der Fragen hängt von dem jeweiligen Bewusstseinsstadium des Menschen ab, von seiner Kultur, von der Region, in der er lebt, und sie hängt sehr stark von seinem Bildungsstand ab.

Aus den alten Hoffnungsbildern der traditionellen Konfessionen erhält der intelligente Mensch von heute aber keine zufrieden stellenden Antworten mehr. Nur wenn sie neu, das heißt für unser Leben heute, gedeutet werden, können sie dem Menschen des 21. Jahrhunderts Inspiration sein, genauso wie sie den Menschen in früheren Zeiten Inspiration waren

Woher kommen wir?

Seit fast 14 Milliarden Jahren existiert das Universum, seit etwa 4,6 Milliarden Jahren unsere Erde. Die ältesten eindeutigen Hinweise darauf, dass es Leben auf der Erde gibt, sind 1,9 Milliarden Jahre alt, aber vermutlich gab es auch schon davor einfachste Formen des Lebens. Die Zahl der biologischen Arten, die seither auf der Erde gelebt haben, dürfte zwischen 100 Millionen und 750 Millionen liegen. Nur 2 bis 5 Prozent davon leben in unserer Zeit. Hält die Klimaerwärmung an, könnte bis zu einem Viertel aller Landtiere und Pflanzen aussterben, das heißt, mehr als eine Million Arten könnten bis zum Jahr 2050 von der Erde verschwunden sein.

Vor 65 Millionen Jahren starben die Saurier aus. Seit drei Millionen Jahren entwickelte sich langsam der Mensch. Doch seit wann ist der Mensch tatsächlich ein Mensch, und was macht sein Menschsein aus? Vor etwa 20 Millionen Jahren brach der ostafrikanische Graben ein. Heute wird von der Forschung als sicher angenommen, dass die Hebung der in Nord-Süd-Richtung liegenden Gebirge maßgeblich an der Entwicklung des aufrechten Gangs der menschlichen Vorfahren beteiligt war. Aufgrund der hohen Berge konnten die Wolken nun nicht mehr ungehindert Ostafrika erreichen, und dies führte dazu, dass der ursprünglich vorhandene Regenwald einer zunehmend trockenen Steppen- und Savannenlandschaft weichen musste. An deren Rändern machten unsere prähominiden Vorfahren ihre ersten Gehversuche, entwickelten sich von vierbeinigen zu zweibeinigen Geschöpfen.

Seit etwa 150 000 Jahren gibt es den Homo sapiens. Erst vor 10 000 Jahren blühten die ersten Hochkulturen. Vor 150 Jahren hielt man Eisenbahn und Kraftfahrzeuge noch für Teufelswerk. Geschwindigkeiten von mehr als 35 Stundenkilometern galten als gesundheitsschädigend.

Homo australopithecus, Homo habilis, Homo erectus, Homo neanderthalensis – Homo sapiens.

Schauen wir uns diese ganze Entwicklungslinie an, dann sehen wir: Den Menschen als solchen gab es nicht und wird es auch nie geben. Es gab immer nur bestimmte Stadien. Wer kann sagen, der heutige Mensch sei der wahre Mensch? Wann ist der Mensch ein Mensch, der den Verheißungen der Religionen zufolge ewig leben darf?

Unsere menschliche Gestalt ist eine zufällige. Sie ist durch die Herausforderungen unseres Überlebenskampfes bedingt, durch die Erfordernisse, vor die uns unser Überlebenskampf stellte. Es gibt eine unendliche Zahl genetischer Kombinationsmöglichkeiten. Warum sind wir gerade so geworden, wie wir sind? Ist der Homo erectus, der von etwa 1,85 Mio. Jahren bis vor ca. 400 000 Jahren lebte, bereits als ein Mensch anzusehen oder nicht? Vermutlich könnten der Mensch von heute und der Homo erectus keine Nachkommenschaft miteinander zeugen, so weit sind sie voneinander entfernt. Und die Evolution schreitet immer weiter voran. Wer kann sagen, was der Mensch in einigen hunderttausend Jahren sein wird? Er wird auf uns zurückschauen, wie wir auf den Homo habilis und den Homo erectus zurückblicken, denen wir uns schwertun, ein Menschsein zuzubilligen. Der britische Astrophysiker Sir Martin Rees sagte kürzlich in einem Interview: »Wir sollten daran denken, dass der Mensch nicht der Höhepunkt der Evolution ist ... Wenn in fünf Milliarden Jahren Kreaturen den Tod der Sonne miterleben, werden es bestimmt keine Menschen sein. Diese Kreaturen werden sich von uns so sehr unterscheiden wie wir uns von den ersten Bakterien. Ich sehe das kolossale Potenzial für die Entwicklung von Leben, Komple-

xität und Intelligenz über das menschliche Stadium hinaus.« (Tagesspiegel, Nr. 19371)

Die Wale, Tümmler und die Delphine haben sich im Wasser entsprechend den Anforderungen ihrer Umgebung entwickelt. Ihr Gehirn ist relativ zur Körpergröße so groß wie das des Menschen. Sie besitzen wahrscheinlich eine ganz andere Form von Bewusstsein, ein Bewusstsein, vielleicht auch eine »Geistigkeit«, die sogar mit uns kommunizieren kann, was wir umgekehrt wohl nicht können. Warum sind wir gerade so geworden, wie wir geworden sind? Warum besitzen wir kein Orientierungsorgan wie die Fledermäuse oder die Wesen, die dreitausend Meter tief im Ozean in ewiger Dunkelheit leben?

Kürzlich las ich einen Artikel über das menschliche Gehirn, in dem aufgezeigt wurde, wie sich unser Gehirn primär in der Auseinandersetzung mit der Umgebung formt und verändert. Erst muss ein Bedürfnis oder eine Notwendigkeit vorhanden sein, die dann in der entsprechenden Entwicklung umgesetzt wird. Nicht das Lebewesen mit dem größten Gebiss hat überlebt, sondern das, was flexibler war und sich schneller an die veränderten Verhältnisse anpassen konnte – und das kooperieren konnte. Das Biotop hat, wie man heute weiß, die größten Überlebenschancen.

Vor allem ist es der Neokortex, der den Menschen zum Menschen werden lässt. Er nimmt Informationen auf und verarbeitet sie, und daraus ergeben sich Entwicklung und Fortschritt. Je mehr der Mensch von außen gefordert ist, etwa durch ungünstige Lebensverhältnisse, umso stärker wächst der Neokortex. Bedrängnis und Widerstände auf der einen Seite, Bedürfnisse, Wünsche auf der anderen Seite fordern den Neokortex des Menschen und lassen ihn wachsen.

»Die Masse und Zahl der beteiligten Neuronen wächst unaufhörlich und erreicht im menschlichen Hirn die gigantische Zahl von etwas 100 Milliarden. Der Fortschritt besteht nicht in der Masse selbst, sondern in den unerschöpflichen Verknüpfungsmöglichkeiten. Gegenüber Tieren haben wir neben den festgelegten Synapsen einen ungleichen Anteil von frei veränderbaren Verknüpfungsmöglichkeiten«, so Gerhard Neuweiler, Professor für Biologie in München (Tagesspiegel, Nr. 16 859). Dieses Potenzial an Verknüpfungsmöglichkeiten bedingt unsere besondere Lernfähigkeit und Verhaltensflexibilität. Wir Menschen sind Generalisten und fähig zu flexiblen Lebensweisen.

In der Naturwissenschaft wird Entwicklung vor allem als eine horizontale Bewegung verstanden. Die Frage ist meistens, wie kann der Mensch überleben, wie kann er sich im sozialen Bezug ändern, um zu überleben. Ich bin fest davon überzeugt, dass auch geistige, seelische und spirituelle Bedürfnisse auf unser Gehirn einwirken. Wir erkennen, dass Gefühle und Gedanken zu physischer Realität werden können. Gefühle des Hasses oder der Liebe gehen als Peptide und Moleküle durch unseren Körper und schwächen oder stärken unser Immunsystem. So löst auch die Sehnsucht, unser wahres Wesen zu erfahren und transmentale Räume unseres Bewusstseins zu erreichen, Veränderungen in unserem Gehirn aus.

Im Universum gibt es weder eine absolute Zeit noch absolute Distanzen. Der vermeintlich gerade Lichtstrahl ist in Wirklichkeit gekrümmt. Es ist unmöglich, Aussagen über die Welt zu machen, ohne uns, den Beobachter, mit einzubeziehen. Die Quantenphysik sagt uns, dass nichts, was beobachtet wird, vom Beobachter unbeeinflusst bleibt. Wir erschaffen somit in gewisser Weise die Wirklichkeit. Unsere Gestaltwerdung gibt uns aber eine ganz bestimmte Deutung der Welt, und aus letztlich unvollständigen Informationen entwerfen wir Modelle, die unsere Weltsicht begründen.

Kosmos, Klima, Krieg, Politik, Ökonomie, Vernichtung, Tod und Zerstreuung bilden eine Art »Zeitbaum«. An diesem Baum kann man nur aufwärts steigen, nie abwärts. Auf diese Weise entwickelt sich das Universum in immer neue Strukturen hinein. Es ist ein großes Spiel. Einen Spielzug kann man nicht zurücknehmen. Aus diesem Zug ergeben sich spielerisch neue Züge. So fließt ein Spiel unberechenbar und doch berechenbar dahin. Es gebiert sich gleichsam jeden Augenblick neu. Jede anscheinend feste Struktur ist nur gebremste Zeit. Aber hinter diesen Spielregeln steht etwas, was dieser sich selbst entwickelnde Spieler kreiert. Es ist am Ende also kein blindes Spiel. Es folgt, obwohl wir das nicht erkennen können, einem transrationalen Bewusstsein, menschlich gesprochen folgt es einem unsichtbaren Plan.

Suchen wir in der falschen Richtung? Wir Menschen sind dabei, den gewaltigen Raum des Universums mit immer besserer Technik zu erforschen. Unser Wissen über Makro- und Mikrokosmos, über die Gene, das Gehirn, die verschiedenen Dimensionen unserer Psyche ist enorm gewachsen, doch es scheint, als erwüchsen daraus auch immer neue Fragen. Man nimmt an, dass sich in den nächsten zehn Jahren das Wissen der Menschheit noch einmal verdoppeln wird, und es werden sich daraus Fragen ergeben, die wir heute noch nicht einmal denken können.

Doch wir suchen immer nur in einer Richtung – im Außen. Vielleicht ist aber das, was wir eigentlich suchen, nur in unserem Inneren zu finden. Vielleicht projizieren wir unser Verlangen nach einer endgültigen Wahrheit über die letzten Bausteine der Materie, nach der einen Weltformel, die alles in einer zusammenhängenden Theorie erklären kann, nach außen, während wir die Wahrheit tatsächlich nur in uns selbst finden können. Im Außen scheinen wir nicht zum Ziel zu kommen. Denn mit jedem neuen Wissen wächst die Erkenntnis, dass wir immer weniger wissen. 2004 nahm Stephen Hawkins, das britische Physikgenie, von seiner Überzeugung Abstand, es könne die komplette Formel der Naturgesetze gefunden und eines Tages die Frage beantwortet werden, warum es überhaupt ein Universum gibt. Dies sei nicht möglich, so Hawkins, »denn dann würden wir Gottes Geist kennen«.

Vielleicht ist auch die Unendlichkeit des Raums und des Universums nur im Inneren zu erfahren, dort, wo die beiden Aspekte der Wirklichkeit als Eins erfahren werden. Zeit und Bewegung gehören zusammen. Vielleicht liegt die Lösung in der Zeitlosigkeit, in der es keine Bewegung mehr gibt außer dem jeweiligen Augenblick. Die ungeheure Spannweite zwischen dem Universellen und Individuellen, der Zeit und der Zeitlosigkeit kann, so glaube ich, nur in uns selbst überbrückt werden. Dort scheinen mir die wirklichen Lösungen zu liegen. Wer sind wir also?

Wer sind wir?

Unser Hiersein, in diesem Leib sein, gleicht einem großen Rätsel. Wir nehmen es so selbstverständlich hin, dass in diesem gewaltigen Universum plötzlich durch die Empfängnis so etwas wie ein geistbegabtes Wesen entsteht. Das ist überwältigend. Eigentlich müssten wir jeden Augenblick darüber staunen. Wir sind Gestalt gewordenes Bewusstsein. Wir werden nie begreifen, wie und warum das geschieht. Der Schritt vom Sein zum Nichtsein und der Schritt vom Nichtsein zum Sein lassen sich rational nicht ausloten. Was wir rational erkennen können, ist nur ein Weltausschnitt aus der Fülle des Universums. Es ist nicht mehr als ein Blick durch ein Schilfrohr, in dem wir den Himmel betrachten, wie es in einer östliche Weisheit ausgedrückt ist.

Wir Menschen leiden an einem heimlichen Hunger, den nichts Äußeres stillen kann. In uns liegt eine verborgene Dimension, die wir nur entdecken, wenn wir zur Ruhe kommen. Weise Menschen lehren uns das seit Jahrtausenden. Unser rationales Bewusstsein hat sich mit dem Wachsen unserer Großhirnrinde gewaltig entfaltet. Es hat dadurch auch andere Möglichkeiten verkümmern lassen. Wir sind in eine dualistische Spaltung hineingeraten. Um sie zu überwinden, müssen wir erkennen, dass unser Leben eine Tiefe birgt, die wir rational nicht erreichen können. Das bedeutet auch eine Transformation unserer religiösen Überzeugung.

Unser Ichbewusstsein hat sich allmählich aus primitiveren Formen, die einen magischen und mythischen Hintergrund hatten, in ein mentales, personales Bewusstsein entwickelt. Dieses organisiert, leidet, freut sich und programmiert die Zukunft. Es ist voller Wünsche, Pläne, Hoffnungen und Enttäuschungen. Es neigt seinem Wesen nach zur Isolation und spiegelt uns vor, es sei unsere wahre Identität. Ich erachte es als durchaus wichtig, dass unser personales Bewusstsein Authentizität entwickelt, sich entfaltet und schöpferisch und kreativ wird. Es soll Lebensfreude und ein Ja zu sich selbst und zum Leben entwickeln und Verantwortung für das eigene Leben und die eigene Biografie übernehmen. Was uns jedoch offensichtlich fehlt, ist die Fähigkeit, die Balance zwischen Ich und Gemeinschaft zu finden und Mitverantwortung für die anderen und die Gesellschaft zu übernehmen.

Unser Innerstes ist ungeboren und unzerstörbar. Nur in diesem zeitlosen Urgrund finden wir Sinn und Deutung unseres Lebens, können erkennen, dass wir mit unserer eigentlichen Mitte nicht unserem Ich gehören. Wir gehören zu einem Größeren, das allein Sinn und Geborgenheit geben kann. Wir haben eine Ahnung davon behalten, dass es etwas Größeres geben muss. Es ist eine Erinnerung an die Einheit, aus der wir kommen.

Unser »Normalbewusstsein« deutet uns nicht die Hintergründe unserer Existenz. Wir haben uns ein Koordinatensystem aus Genen, Familie, Erziehung, Schule, Beziehungen und Gesellschaft aufgebaut, das wir für wirklich halten und mit dessen Hilfe wir unsere Existenz zu deuten versuchen. Es ist jedoch nichts weiter als ein Modell, das wir geschaffen haben, um uns in diesem ungeheuren Weltraum eine Heimat zu sichern. Auch die Religion gehört zu diesem Koordinatensystem. Sie ist ein Deutungsversuch unserer Existenz. Sie ist ein Modell, das uns einen Platz im Universum zu geben versucht. Ein solches Modell sollte man jedoch nicht verabsolutieren. Alle Modelle sind Deutungsversuche dieses letztlich unfassbaren kosmischen Geschehens.

Unser Ich ist, so sagen es Neurowissenschaft und Mystik übereinstimmend, eine Illusion. Diese Illusion verschleiert unser wahres Wesen. Das Ich ist nur das Instrument, auf dem das Eine spielt. Es hat keine Permanenz. Die Permanenz liegt in dem, was wir unser wahres Wesen nennen. Unser Ich ist nur ein System, das Informationen verarbeitet. Es fügt Wahrnehmungen aus dem Gedächtnis und dem Augenblick zusammen und täuscht so eine gewisse Permanenz vor. Es kreiert eine ganz bestimmte Welt und erlaubt uns, uns in dieser Welt zurechtzufinden.

Unser Selbstbild ist gleichsam eine Maske, hinter der sich das Eigentliche, das Wahre, verbirgt. Natürlich ist es wichtig, unsere Persönlichkeit zu entwickeln, unseren Verstand zu schulen, unsere Gefühle zu erleben. Es ist wichtig, einen Beruf zu ergreifen, Beziehungen einzugehen, den Lebensunterhalt zu sichern. Dafür brauchen wir ein stabiles Ich. Doch es ist falsch, wenn wir glauben, dass wir unser Körper, unsere Gefühle, unser Verstand sind. Wir identifizieren uns mit unserer Person und vergessen dabei, dass diese nur eine Rolle ist, durch die unser wahres Wesen hindurchtönt. Aus dieser falschen Identifikation herauszutreten bedeutet, alle Ich-Bilder hinter uns zu lassen. Sie grenzen uns ein. Ein großer Anteil unserer Persönlichkeit wird von Glaubenssätzen und Vorstellungen ausgefüllt, die uns in der Kindheit und Jugend eingeprägt wurden und die uns heute noch an der Entfaltung unseres Lebens hindern.

Diese Ich-Bilder bestimmen unsere mitmenschlichen Beziehungen, unsere Emotionen, unser Verhalten im Beruf und in der Gesellschaft. Vor allem aber bestimmen sie auch unsere religiösen Vorstellungen. Wer diese Eingrenzungen durchleuchten und ablegen kann, erfährt die eigentliche Natur des Geistes, die keinerlei Formen enthält, sich aber in alle Formen ergießt. Wenn das Alte bestehen bleibt, gibt es keine wirkliche Veränderung. Nur wer die Identifikation mit seinen Ich-Bildern, die bis in die feinsten Nuancen unserer Psyche hineinreichen, immer wieder loslassen kann, gelangt in die Erfahrung der Leere und Einheit, erfährt, wer er oder sie wirklich ist.

In einem spirituellen Bewusstseinsprozess werden die Identifizierungsvorgänge mit unserem Ich erkannt, durchschaut und relativiert. Die spirituelle Bewusstwerdung befreit uns von der Identifizierung, und unsere Konzepte von uns selbst werden transparenter und können sich auflösen. Der Bewusstwerdungsprozess entwickelt sich zur Bewusstheit, zum Zeugenbewusstsein, und wird seiner selbst gewahr als Präsenz, als Gegenwärtigsein, als reines Bewusstsein. Dies wird als die Qualität des eigenen Wesens erkannt und erfahren. Hinter dem Ich erschließt sich ein weiter Raum, eine neue Freiheit, in der wir die Konzepte von uns selbst und die Rollen, die wir spielen, erkennen. Dieser tiefe Bewusstseinsraum ist weit, wach und still und kann in eine große Seligkeit und Dankbarkeit münden.

Warum sind wir hier?

Wir sind eine Manifestation dieser Urwirklichkeit, die wir Abendländer »Gott« genannt haben. Gott wollte Menschen, darum sind wir Menschen geworden. Gott will in uns Mensch sein. Es ist daher auch unsere erste Aufgabe, ganz Mensch zu sein, ein Mensch, der seinen Adel erkennt und auch entsprechend lebt.

Wir sind hier, um unser wahres Wesen zu erfahren, um Gott in einer Weise zu erfahren, die über einen Glauben an Gott weit hinausgeht. Letztlich geht es um etwas sehr Einfaches, nämlich um die

Einsicht, dass wir nicht getrennt sind von dieser Urwirklichkeit und auch nie getrennt von ihr waren. Was wir Ursünde nennen, ist der Schleier, den unser Ich über diese Erkenntnis gezogen hat. Diese Urwirklichkeit kann nicht von einem Teil getrennt sein. Sie ist immer ganz in jedem Teil, so wie der Ozean immer ganz in jeder Welle ist. Wie viel die Welle davon erfassen kann, ist eine andere Frage.

Gott ist also nicht nur überall gegenwärtig, er ist auch das Gegenwärtige. Wenn wir erfahren, dass auch wir nicht getrennt sein können, dass wir vielmehr die Gegenwart Gottes in diesem unserem Leib sind, werden wir uns mit allem anderen verbunden fühlen. Und das ist der Anfang einer neuen Ethik. Weil wir das Leid der anderen als unser Leid erfahren. Es ist der einzige Weg, auf dem die Menschen zu dieser fundamentalen Erfahrung der Gleichheit kommen werden. Und es ist die eigentliche Revolution, die uns Menschen bevorsteht. Vorher werden wir nicht zu einer wirklichen Menschheitsfamilie finden.

Wir haben heute einen wichtigen Lernschritt vor uns, denn die moderne Naturwissenschaft bestätigt, was die Weisen seit Jahrtausenden lehren: Niemand und nichts existiert gesondert und für sich. So wenig, wie der Finger einer Hand ohne den Körper existieren kann, so wenig kann irgendetwas in diesem Kosmos alleine existieren. Wir sind nicht getrennt von irgendetwas, das irgendwo geschieht.

Wir sind nicht außerhalb eines Geschehens, wir sind in diesem Geschehen. Ja, wir sind dieses Geschehen. Wie in einem Fischernetz hängt alles mit allem zusammen. Keine Masche ist isoliert. Ganz gleich an welcher Seite des Netzes man zieht, das ganze Netz gerät dabei in Bewegung. In ihm ist alles enthalten, das Gute wie das Böse, Mensch, Tier, Pflanze, Materie.

Solange wir die Welt nur aus der Sicht unseres Ego-Gefängnisses betrachten, also aus der Sicht unserer Begierden und Bedürfnisse, bleiben wir abgesondert. Unsere persönlichen Dramen, die sich bei uns immer so sehr in den Vordergrund spielen, sind letztlich ein unnötiger Kräfteverschleiß und eine unnötige Leidensquelle. Wir schleppen zu viel Abgrenzung mit uns herum, und das macht unsere Schritte so schwer. Nur wenn wir uns auf unsere Wesensmitte beziehen, lassen wir dieses schwere Gepäck los und erfahren uns nicht mehr als vereinzelt, sondern als das Eine, als eine Offenbarung dieses Einen, als das Leben, das sich in uns inkarniert hat.

Bei dem Lernschritt, den wir zu machen haben, geht es also um mehr als die individuelle Entfaltung unserer Persönlichkeit, es geht um unsere Ko-Evolution mit dem ganzen Kosmos. Wir sind von allen anderen Erscheinungsformen abhängig, und nur im Zusammenhang mit dem Ganzen ergibt unsere Existenz einen Sinn. Erkennen wir dies, dann bewahrt uns das vor der Hybris, wir seien der Mit-

telpunkt des Universums. Wir verlieren aber umgekehrt auch die Angst, bedeutungslos unterzugehen. Richtig verstanden sind wir – wie alles andere auch – sogar so etwas wie der Mittelpunkt, weil das Ganze ohne uns letztlich nicht existiert. Daher kann Eckhart sagen: »Wenn ich nicht wäre, wäre Gott nicht.«

Wir können uns nicht allein, unabhängig von allem, entwickeln. Wer sich allein außerhalb der allgemeinen Vernetzung entwickeln will, isoliert sich und schadet dem Ganzen und letztlich sich selbst. Die Krebszelle, die rücksichtslos wächst, zerstört den ganzen Körper und damit auch sich selbst. Unser Entwicklungsprozess vollzieht sich in ständigem Austausch mit unserer äußeren Umgebung und unseren innerseelischen und transpersonalen Prozessen. Individualität und Ganzheit schließen sich nicht gegenseitig aus. Sie sind koexistent, und das bedeutet, dass wir nur in Beziehung und Gemeinschaft, in Beziehung mit dem Lebenspartner oder der Lebenspartnerin, in Beziehung mit Freundinnen und Freunden, mit Weggefährten, mit der Gesellschaft und der Völkergemeinschaft wachsen können. Wir brauchen das Gegenüber zur Selbstwerdung. Wir brauchen den ganzen Kosmos zur Selbstwerdung, denn nur in der Begegnung werden wir Mensch. Je mehr wir uns als Mensch verwirklichen, desto weniger grenzen wir uns ab, umso mehr können wir uns in Liebe zu allem anderen öffnen.

Damit entfalten wir mehr und mehr auch unser kollektives menschliches Bewusstsein. Was das ist, ist nicht einfach zu erklären. Es lässt sich vielleicht mit einem Vogel- oder Fischschwarm vergleichen, der plötzlich wie auf ein Kommando die Richtung wechselt. Das Kommando kommt nicht von außen; es muss also eine innere Verbindung existieren, die diesen Richtungswechsel initiiert. Und diese Verbindung geht über die Sinne hinaus. Entfalten wir unser kollektives Bewusstsein, könnte dies bedeuten, dass wir uns so mit unseren Mitmenschen identifizieren wie mit uns selbst. Dadurch überschreiten wir unser Abgespaltensein und erfahren unser Verbundensein mit allen und allem.

In unserem Innern scheint es einen Resonanzboden zu geben, den wir mit allen Menschen teilen und auf dem wir alle gleichzeitig angesprochen werden können. Sheldrake nennt ihn das morphogenetische Feld. Einen Zugang zu diesem Feld zu finden ist ein wichtiger Entwicklungsschritt. Wird uns dieser Bereich zugänglich, sind wir nicht länger die Gefangenen unserer egozentrischen Vorstellungen und Absichten, sondern fühlen mit allen Wesen.

Wir befinden uns mitten in einem gewaltigen übergreifenden Prozess, und das Ziel dieses Prozesses ist die Selbstverwirklichung des *Einen*, oder anders ausgedrückt, die Selbstverwirklichung des göttlichen Prinzips in der Vielzahl der individuellen

Formen. Das Universelle verwirklicht sich im Individuellen und das Individuelle im Universellen. Die Vielheit entspringt dem Einen, und das Eine offenbart sich als die vielen Dinge.

Die Frage lautet, wie können wir dieses *Eine* erkennen und im Alltag verwirklichen? Zu unserem Reifungsprozess als Spezies brauchen wir die Erfahrung dessen, was wir Liebe nennen. Vieles von dem, was uns heute nur noch Bestandteil einer religiösen Mottenkiste zu sein scheint, wie Demut, Ertragen, Verzeihen, Annehmen, erhält seine wahre Bedeutung erst in der Erfahrung der Einheit. Bloße Konzepte und Ideen von Gerechtigkeit werden die Zerwürfnisse der Menschheit nicht auflösen.

Die Grundstruktur der Evolution ist die Selbsttranszendenz. Unser Gewissen fungiert dabei als eine Art Seismograph. Es mahnt uns, wenn wir uns der Selbsttranszendenz verweigern, und scheint mir nichts anderes als der existenzielle Trieb zu sein, der die Verbundenheit mit dem Ganzen aufrechterhält. Moral wäre demnach die Erkenntnis, dass wir uns ins kosmische Gesetz einzugliedern haben. Mit dem Begriff »Trieb« möchte ich diese innere Tendenz zum Ganzen und Einen hin bezeichnen, die zum Wesen der Evolution gehört. Dieser Trieb hilft, die Spaltung von Subjekt und Objekt aufzuheben. Und nur in der Überwindung des Dualen und im Erleben der Einheit werden wir die Entfremdung überwinden und uns als *eins* erfahren können. Diesen Trieb nannten die Religionen seit alters her Liebe oder Mitgefühl, und er ist ein wesentlicher Faktor im Evolutionsprozess.

Liebe und Mitgefühl sind die bewegenden Kräfte des Universums. Da setzen unsere Möglichkeiten ein. Das morphogenetische Feld Mensch wird von jedem Einzelnen geprägt. Auch unsere Aggressivität, unser Egozentrismus, unsere negativen Impulse werden dort gespeichert und wirken sich aus. Ein Hitler, Stalin, Mao, Pol Pot, Hussein und andere zeitgenössische Menschheitsplagen sind nur die Eiterbeulen, aus denen auch unsere Bosheit hervorquillt. Das Böse scheint mir nichts anderes zu sein als die Egozentrik des Menschen und die Verweigerung der Selbsttranszendenz. Diese Egozentrik offenbart das Mysterium dessen, was wir böse nennen. Das Böse hat mit Moral zunächst nichts zu tun. Es ist die Verweigerung, sich zum Ganzen hin zu öffnen, die Verweigerung, das Ego zu überschreiten und sich evolutionsgerecht zu verhalten. Wenn wir das Evolutionsgeschehen verfolgen, dann bedeutet Mangel an Selbsttranszendenz – sei er verschuldet oder unverschuldet – die Ursache für Untergang.

Das Leben kann nicht aufgeteilt werden in heilig und unheilig. Das begreift unser Intellekt nicht. Weil er nicht einsehen kann, dass die wahre Liebe nichts mit Moral zu tun hat, nichts mit »du sollst« und »du musst«. Wirkliche Liebe erfährt im Bösen des anderen das eigene Böse. Nur diese Erfahrung kann die andere Wange hinhalten, nur sie kann auch noch das Hemd weggeben, wenn der Mantel verlangt wird. Käme diese Haltung aus Wohlverhalten, wäre sie unwahr. Wahre Liebe kann aber nicht anders, denn sie hat die Einheit des Lebens erfahren und weiß, dass sie sich selbst etwas antäte, wenn sie dem anderen Übles wollte. Diese Liebe umarmt auch Gegner, auch jene, die hassen. Sie sieht im Konträren und Oppositionellen die Dynamik des Lebens. Sie hört auf, perfekte Eltern haben zu wollen, perfekte weise Lehrer, eine perfekte Familie, einen perfekten Staat und eine perfekte Kirche. Sie hat begriffen, dass alles auch das Gegenteil beinhaltet. Solange Nächstenliebe Gebot bleibt, wird es keinen Frieden und keine Harmonie auf unserem Planeten geben. Unser Ich-Bewusstsein hat sich in einen Egozentrismus hinein entwickelt, der den Untergang der Spezies Homo sapiens bedeuten kann, wenn sie sich nicht rechtzeitig in die Richtung eines kosmischen Bewusstseins entwickelt und damit in die Erfahrung der Einheit. Der Egozentrismus ist wie eine Krebszelle. Er frisst alle anderen Zellen auf, bis er selber zugrunde geht. Eine Spezies kann aus ganz verschiedenen Gründen lebensuntüchtig werden, zum Beispiel aus biologischen Gründen, weil sie nicht genug Nahrung, Luft und Wasser hat, oder weil sie sich nicht evolutionsgerecht verhält, das heißt sich der Grundstruktur der Liebe widersetzt.

Wir sind, seitdem wir Geist entwickelt haben, zu Mitschöpfern geworden. Wir beeinflussen unseren eigenen Entwicklungsprozess als Menschen. Die Wirklichkeit erscheint dadurch in einem ganz neuen Licht. Neben den Naturgesetzen gibt es lebendige, nicht voraussagbare Abläufe des Geschehens. Die Evolution folgt nicht einem sterilen, blutleeren Determinismus. Wir können unsere Zukunft beeinflussen. Wir sind fähig, das morphogenetische Feld Mensch durch unsere positive Haltung zu beeinflussen. Wir sind uns über diese Möglichkeit im transpersonalen Raum noch viel zu wenig im Klaren. Ich bin davon überzeugt, dass die Energien, die wir mit Wohlwollen und Liebe aussenden, effektiver sind als Demonstrationen, Proteste, Revolutionen und Kriege. Bevor es zu einer Revolution kommt, entsteht ein Feld, von Menschen kreiert. Es wirkt sich als Revolution aus. Genau so kommt es zu wirklichem Frieden erst durch das von uns kreierte Feld der Liebe und des Wohlwollens. Es wirkt sich aus als Friede und Verstehen.

Wirkliche Weltverantwortung werden wir aber nur tragen können, wenn wir »erwacht« sind und wissen, was wir zutiefst sind, wenn wir ein Einssein aller Geschöpfe und eine tragende Liebe erfahren haben. Durch diese Erfahrung werden wir von innen her gewandelt. Wir wissen uns eingebettet in die Ordnung und Harmonie der Schöpfung, wissen, dass wir eine Erscheinungsform Gottes sind, dessen

Leben wir und all unsere Mitgeschöpfe leben. Aus der Einheitserfahrung heraus, in die uns eine postmoderne Religiosität führen kann, werden wir uns zu einem wirklichen »Homo sapiens«, einem weisen Menschen, entwickeln.

Wir Menschen sind noch auf dem Weg zum Menschen. Es liegen in uns Potenzen, die wir noch nicht entwickelt haben. Wir sind noch nicht zu unserem wahren Wesen erwacht. Und wir sind sehr viel mehr, als wir bis jetzt zu sein vermeinen. Mein Meister Yamada Koun Roshi, unter dem ich zwölf Jahre den Weg des Zen gegangen bin, meinte: »Im Ganzen gesehen ist die Menschheit noch im Kindesalter. Einige sind noch Kleinkinder, andere sind im Volksschulalter, andere in der Unter- oder Oberstufe des Gymnasiums. Die Menschheit als Ganze hat das Kindesalter noch nicht hinter sich. Darum ist es keine Übertreibung zu sagen, dass die meisten existierenden Religionen noch Religionen für Kinder sind. Ich glaube aber, dass die Menschheit in einer Entwicklung des spirituellen Wachstums begriffen ist, die nicht aufgehalten werden kann. Schritt für Schritt entwickelt sich die Menschheit vom Kindesalter in das Erwachsenenalter. Dementsprechend ist auch die Religion in einem unabwendbaren Entwicklungsprozess von der Kinder-Religion zur Erwachsenen-Religion. Sie ist in einem spirituellen Wachstum begriffen, das nicht aufgehalten werden kann.«

Je tiefer unsere Erfahrung, umso umfassender wird unser Mitgefühl sein. Viele Menschen sind inzwischen »aufgewacht«, und die Menschheit als Ganze steht vor einem spirituellen Entwicklungssprung. Die Evolution dessen, was wir Abendländer Gott nennen, schreitet voran, und unsere nächste Entwicklungsstufe wird uns auf eine ganz neue Ebene des Erkennens führen. Mir scheint, dass wir vor einer zweiten kopernikanischen Wende stehen. Wir hielten einmal die Erde für den Mittelpunkt des Weltalls. Es dauerte lange, bis wir Menschen uns von dieser Ansicht trennten. Heute meinen viele noch, unser Ich sei die Mitte unseres Wesens. Auch diesmal wird es lange dauern, bis Theologen, Naturwissenschaftler und Philosophen dies als Irrtum erkennen.

Wohin gehen wir?

Wenn die Bedingungen in unserem Universum auch nur geringfügig anders gewesen wären, hätte weder auf unserer Erde noch anderswo im Universum Leben entstehen können. Leben in der Form, wie wir es auf der Erde und vermutlich auch anderswo im Weltraum haben, ist wohl eines der Ziele des Universums. Sicher hat das Universum noch andere Ziele, von denen wir keine Ahnung haben. Es geht in jedem Fall über unsere rationalen und sinnhaften Erkenntnisse hinaus. Wie wir das letztlich nennen, ist sekundär. Es sind immer nur Be-

griffe aus dem rationalen Raum, in denen wir transrationale Erfahrungen ausdrücken können. Dieses Universum folgt einer Sinnhaftigkeit, die unseren Verstand übersteigt. Der Ursprung, wie wir ihn auch nennen wollen, folgt einer Konsequenz und Zielgerichtetheit, die zu begreifen wir kein Organ haben. Darum spricht die Mystik von Gottheit (Eckhart), Grund (Tauler), Leerheit (Zen), Brahman (Hinduismus), reinem Bewusstsein (Psychologie). Die eigentliche Deutung der Welt liegt in der Metaphysik der Erfahrung, nicht in der Philosophie und Theologie.

Es wird Zeit, dass wir ein neues Verständnis von Gott, Mensch und Welt zulassen. Wir sind nie außerhalb des göttlichen Stromes. Wir sind nicht Menschen, die von Zeit zu Zeit eine nichtkörperliche (mystische) Erfahrung machen, wir sind vielmehr nichtmaterielles Bewusstsein, das zeitweise eine menschliche Erfahrung macht. Christlich ausgedrückt heißt das: Wir sind göttliches Leben, das diese menschliche Erfahrung macht. Wir sind göttliches Leben, das sich inkarniert hat, das Mensch geworden ist.

Die eigentliche Welt ist zeitlos präsent. Sich getrennt von dieser zu erleben ist der Zoll, den wir für unser Menschwerden zahlen müssen. Wir wissen noch nicht, wie wir mit dieser Gabe »Ich« umzugehen haben. Sie hat uns in die Isolation geschleudert. Wir bauen Zäune auf und sagen »mein«, verteidigen unseren Besitz oder wollen den anderen etwas wegnehmen. Wir wissen noch nicht, dass wir gar nicht getrennt sind, dass wir nur diese Eingrenzung »Ich« zu überschreiten haben. Es geht also nicht um eine Perpetuierung des Ich, sondern um eine Entgrenzung, die in die Zeitlosigkeit, Raumlosigkeit und Leerheit hineinführt. Der Tod des Ich bedeutet ein Übergehen in eine neue Seinsform. Wir sind dieser göttliche Hintergrund, der ständig Neues schafft.

Fragen und Antworten

Warum brauchte Gott so lange, bis der Mensch entstand?

Für mich gibt es diesen Gott, der gewartet hat, bis wir Menschen gekommen sind, nicht. Ich glaube, dass das, was ich Gott nenne, einfach die Sinfonie ist, die hier erklingt. Und dass es vor Gott so etwas wie Zeit gar nicht gibt. Zeit ist etwas, was unsere Ratio macht.

Der Mensch ist nur ein Wimpernschlag in diesem zeitlosen Universum. Er ist ein Wesen unter Millionen anderen. Es gab uns nicht und wird uns eines Tages wieder nicht mehr geben. Die Bedeutung aller Wesen liegt im Hier und Jetzt. Hier und Jetzt drückt sich diese Urwirklichkeit aus. Was wir Gott nennen, ist in ständiger Inkarnation. In Millionen von Galaxien, in Millionen von Sternen, auf ihnen Millionen von Wesen, in denen sich diese Urwirklichkeit in diesem Moment offenbart. Daneben gibt es bestimmt noch andere Universen mit ganz anderen Wesen, von denen wir keine Ahnung haben. Darum ist auch die Frage, wo wir vor unserer Existenz waren und wo wir nach unserem Tod sein werden, überflüssig. Hier und Jetzt sind wir eine Manifestation dieser Wirklichkeit »Gott«. Das Leben aber, das wir sind, ist zeitlos. Es drückt sich in den vielen Wesen aus. Die Formen kommen und gehen. Auch unsere Form, die wir sind, wird vergehen. Unser wahres Wesen, das göttliches Leben ist, bleibt. Sollten wir wiederkommen, sind wir wieder nichts anderes als eine neue Form dieser unendlichen Wirklichkeit.

Waren das absolute Bewusstsein und damit auch unser Bewusstsein schon da, als es noch keine Menschen gab?

Das absolute Bewusstsein ist zeitlos. Es kreiert sich Augenblick für Augenblick in vielen Formen. Vor unserem Universum gab es sicher viele andere. Wir müssen immer wieder erkennen, dass dieses absolute Bewusstsein rational nicht begreifbar ist und dass wir viel mehr sind, als unser Ich uns sagen kann.

Müssen wir unser Ich überwinden, um eins zu werden mit allem? Und was geschieht mit unserem individuellen Selbst, wenn wir uns als eins erfahren?

Unser Ich bleibt uns als Organisationszentrum auch nach einer tiefen, non-dualen Seinserfahrung erhalten. Es macht uns zu Menschen. Wir werden weiter planen, Probleme haben, uns freuen und leiden. Aber wir erkennen nun, dass unser Ich nur der »Hausmeister« ist, nicht der »Hausbesitzer«. Unser wahres Wesen liegt hinter dieser Ich-Struktur.

Eckhart sagt daher: »Gott schmeckt sich selbst. In dem Schmecken, in dem Gott sich schmeckt, darin schmeckt er alle Kreaturen. Mit dem Schmecken, mit dem Gott sich schmeckt, damit schmeckt er alle Kreaturen nicht als Kreaturen, sondern die Kreaturen als Gott. In dem Schmecken, in dem Gott sich schmeckt, in dem schmeckt er alle Dinge.« Ist das nicht ein tröstliches Bild? Gott schmeckt mich als sich.

Was können wir tun in den Zeiten, in denen wir aus der Liebe und Verbundenheit mit allem herausfallen? Wie können wir weitergehen, ohne zu verzweifeln?

In jedem Menschen liegt eine tiefe Sehnsucht nach letzter Erfüllung. Darum sagt Paulus, die ganze Schöpfung seufzt nach der Vollendung. Wir sollten unserer Sehnsucht folgen. In jedem Menschen ist dieser Hunger nach Erfüllung und Ganzheit angelegt. Wir können uns einer Religion anschließen, die uns einen Weg zeigt und die uns auf dem Weg begleitet. Wir können uns aber auch auf eine Suche außerhalb der Religionen machen. Spiritualität ist nicht das Monopol einer Religion. Diese Urwirklichkeit ist nicht an unsere Vorstellungen gebunden. Wir sollten unserer Sehnsucht nach Erfüllung folgen.

Was passiert beim Schwangerschaftsabbruch mit der Seele des ungeborenen Kindes und der Seele der Mutter?

Das ist eine schwierige Frage. Ich kann nicht sagen: Ich weiß es. Ich weiß nur, dass Leben nicht vergehen kann. Dass auch das Leben dieses Wesens, das nun nicht Mensch geworden ist, in irgendeiner Weise weitergehen wird. Dass dieser Energiestrom, dieses Energiebündel, die das Wesen ist, weiterleben wird in dieser unendlichen Energie des Göttlichen, in welcher Form, das kann ich nicht sagen. Und einer Mutter würde ich raten: Mach dieses Wesen zu deinem Begleiter, es existiert noch eine Verbindung zu diesem Wesen. Es hat dir bestimmt nichts vorzuwerfen in einem moralischen Sinne. Und diese Anbindung ist eine ganz andere als eine personale. Wenn der Ast zum Ast sagt: Ah, da ist noch ein Ast und noch ein Ast und noch ein Ast, dann ist das gleichsam eine personale Beziehung. Wenn der Ast erfährt, dass er Baum ist, dann hat er eine existenzielle Verbindung zu allen anderen Ästen. Und so stelle ich mir auch die Verbindung zu den Verstorbenen vor, eine Verbindung, die viel tiefer reicht und umfassender ist als das, was wir gemeinhin kennen, eine Verbindung, die mein Rationales weit übersteigt.

Warum verzweifeln so viele Menschen am Leben? Warum begehen Menschen Selbstmord?

Wenn sich jemand diese Welt so anschaut, wie sie ist, und keine Beziehung hat zu einer anderen Ebene, zu einer anderen Wirklichkeit, dann kann ich verstehen, dass er oder sie sagt: Warum soll ich denn überhaupt noch leben? Sobald wir aber unser wahres Wesen erfahren, wissen wir, unser Hiersein ist einfach die Note, die hier und jetzt zu klingen hat in dieser »Sinfonie Gott«. Ich bin hier, um diese Urwirklichkeit, die ich Gott nenne, zum Klingen zu bringen, das ist meine Aufgabe. Darum bin ich da, und darum begehe ich keinen Selbstmord. Weil Gott in mir Mensch sein möchte, weil Gott in mir klingen möchte.

Müssen wir erst sterben, um frei zu sein?

Nein! Wir müssen nur diese Ich-Grenze öffnen und überschreiten, um zu erkennen, dass wir etwas ganz anderes sind, als wir bis jetzt gemeint haben zu sein.

Ist der Zeitpunkt des Todes im Plan Gottes festgelegt?

Diese Frage setzt eine personale Göttlichkeit außerhalb von uns voraus. Es ist eine Frage aus unserem Intellekt heraus. Ich glaube, dass dieses ganze evolutionäre Geschehen nicht rational organisiert ist. Wir möchten es immer wieder in unsere Rationalität hereinholen, aber es ist ganz anders organisiert. Und darum können manche Fragen für die Ratio nicht zufriedenstellend beantwortet werden. Ich glaube, dass wir alle, wenn wir sterben, zu einer größeren Erkenntnis erwachen und dass wir dabei auch erfahren, was in unserem Leben nicht richtig war, wo wir uns und anderen geschadet haben.

Woher kommt unsere Angst?

Unser Ich muss Angst haben. Das Ich meint ja immer, alles im Griff haben zu müssen, alles kontrollieren zu müssen. Und wenn es merkt, es ist nicht mehr zuständig, dann gerät es in einen Angstzustand, das ist ganz normal. Wenn Menschen in meinen Kursen an diese Grenze kommen, dann kommt die Angst. »Ich werde völlig verrückt! Jetzt sterbe ich.« Genau das sagte ich einmal zu meinem Meister: »Ich glaube, ich werde jetzt verrückt!« Er lachte mich aus. »Du wirst nicht verrückt«, meinte er, »lass mal los. Du wirst sehen, es gibt noch eine Ebene, die viel wichtiger ist als dein Ich.« Die Angst kommt daher, dass das Ich seine Auflösung, seinen Tod, nicht akzeptieren kann.

Warum verkörpert sich das Göttliche,
das Ihrer Ansicht nach in allem ist, so
unvollkommen?

Unvollkommen erscheint es nur uns Menschen. Unsere Ratio ist nicht geeignet, die »wirkliche Wirklichkeit« zu erfassen. In einer tiefen Erfahrung können wir begreifen, dass es gut und böse, richtig und falsch nicht gibt. Wir können erfahren, dass alles so ist, wie es ist, und dass daran nichts ergänzt oder geändert werden kann. Das vermag der menschliche Verstand nicht zu begreifen. Dieses Universum ist nach ganz anderen Richtlinien konzipiert. Unsere personale Struktur wird nie begreifen können, dass es noch andere Bewusstseinsebenen gibt, die uns ein umfassenderes Erkennen der Wirklichkeit schenken. Die meisten Menschen gehen durch ihr Leben, ohne davon eine Ahnung zu haben. Eine Religion kann ihre Anhänger daran hindern, diese Ebenen zu erfahren, wenn sie im Dogmatischen und Intellektuellen stecken bleibt, was oft der Fall ist. Darum hat sich die Mystik heute vielfach außerhalb der Religionen angesiedelt, da die Religionen die Gläubigen häufig nicht in die eigentliche Tiefe der religiösen Erfahrung vordringen lassen.

Warum gibt es so viel Leid und Ungerechtigkeit in der Welt?

Wir können das, was wir böse nennen, aus dieser Urwirklichkeit Gott nicht herausnehmen. Es gibt eine Ebene der Erfahrung, die keine Schuldzuweisung und keine Wertung mehr kennt. Sie ist getragen von einer Erkenntnis, dass auch das, was wir das Böse nennen, zum Vollzug des göttlichen Lebens gehört. Eckhart sagte einmal: »In jedem Werk, auch im Bösen, im Übel der Strafe ebenso sehr wie im Übel der Schuld, offenbart sich und erstrahlt gleichermaßen Gottes Herrlichkeit.« Er wurde deswegen heftig angegriffen, weil seine Worte nicht auf der Ebene verstanden wurden, auf der sie gesagt wurden. Was wir das Böse nennen, ist Mangel an Erkenntnis. Solange wir in unserer Ich-Struktur bleiben, wird es Auseinandersetzungen geben. Erst wenn wir in eine Ebene vordringen, die uns die Einheit allen Seins und damit auch die Einheit aller Wesen erkennen lässt, werden wir Menschen uns ändern.

Wenn Gott sich gleichermaßen in jedem Menschen ausdrückt, wo ist dann der Unterschied zwischen einer Mutter Teresa und Adolf Hitler?
Weshalb sollten sich Menschen überhaupt noch um ein gutes Leben bemühen?

Macht, Reichtum und Bosheit machen nicht glücklich. Es ist die selbstlose Liebe, die dem Menschen innere Zufriedenheit schenkt. Sie ist dem menschlichen Wesen gemäßer als Feindschaft und Auseinandersetzung. Wahre Innerlichkeit, das Begreifen unseres wahren Wesens, zu dem uns die spirituellen Wege führen, verändern uns Menschen. Das mystische Bewusstsein führt in die Einheit. Wer sich mit dem anderen als eins erfährt, kommt in der unverstellten Liebe zu einer neuen moralischen Grundlage und zu einem entsprechenden Handeln.

Glauben Sie an Karma?

Karma ist für mich ein zu moralisches Konzept, es ist zu sehr »egobesetzt«. Das Ich möchte fortbestehen. Das absolute Bewusstsein hat mit Moral nichts zu tun. Das heißt nicht, dass man tun und lassen kann, was man will – absolut nicht! Je mehr ich erkenne, wer ich bin, umso mehr habe ich ein inneres Gesetz, das Gesetz der Liebe. Es wird zum Maß meines Handelns. Karma besagt: Wenn du dich richtig benimmst, wirst du eine bessere Wiedergeburt erlangen, und so gehst du von Leben zu Leben, bis du dann eingehen kannst ins Nirvana. Im Zen spricht man eigentlich nicht von Karma. Zen kennt nur den Augenblick. Und wenn wir in *diesem* Augenblick unsere Ich-Struktur öffnen können, dann haben wir eine ganz andere Vorstellung von dem, was Karma bedeuten könnte.

Teil zwei

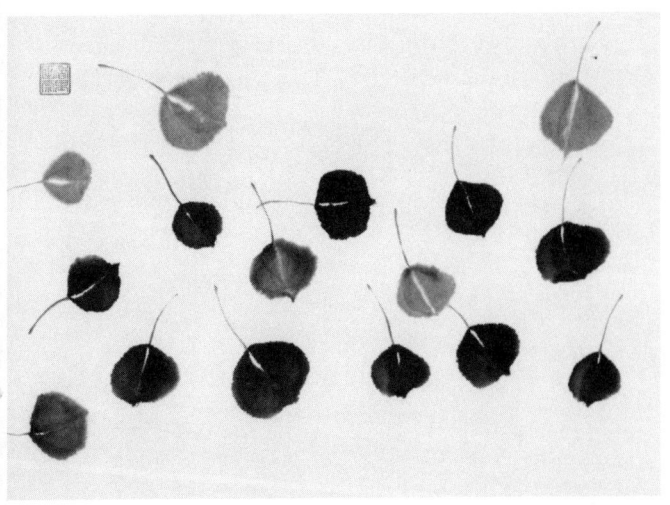

Gott ist tot.
Und wir haben ihn getötet.

Friedrich Nietzsche

Religion in der Krise

Wir leben in einem Zeitalter, in dem die konfessionelle Gebundenheit in unserer westlichen Gesellschaft sehr im Schwinden begriffen ist. Gleichzeitig sehnen sich jedoch zahlreiche Menschen, unabhängig von Alter, Geschlecht und sozialer Zugehörigkeit, nach einer religiösen Dimension in ihrem Leben. Immer weniger Menschen genügt es aber, dem dogmatischen Denken der Kirche zu folgen, weil sie darin kaum mehr Halt und Deutung für ihr Leben finden; immer mehr Menschen trennen sich daher von den Kirchen.

Die starre Doktrin des römischen Katechismus ist für viele heute nicht mehr nachzuvollziehen. »Ich kann das nicht mehr glauben, was der Pfarrer verkündet«, höre ich oft in Gesprächen. Jedes System aber, das in sich erstarrt, ist dem Untergang geweiht. Erstarrte Institutionen können sich von innen her nicht erneuern. Wenn sie aber von außen nichts zulassen, laufen die Anhänger davon. Sie ahnen, dass es eine religiöse Erfahrung gibt, die das rationale Denken über Gott, das von der Institution Kirche gerade heute wieder gefordert wird, übersteigt. Sie sind auf der Suche nach der Quelle ihrer Identität.

Eine repräsentative Umfrage der *Identity Foundation* ergab im Jahre 2006, dass sich nur noch 10 Prozent der Deutschen den traditionellen Lehren der christlichen Kirchen und ihren Institutionen eng verbunden fühlen (»Traditionschristen«), dass aber 15 Prozent, das sind mehr als sechs Millionen Deutsche, als »spirituelle Sinnsucher« auf der Suche nach religiöser Erfahrung sind und dafür aus christlicher und anderer Mystik und Esoterik schöpfen, aber auch humanistische Ansätze einbeziehen. 35 Prozent können den »religiös Kreativen« zugerechnet werden, die konfessionell nicht sehr festgelegt sind und für die auch Erkenntnisse und Praktiken anderer Religionen und Philosophien wichtig sind.

Die Religiosität, die heute wieder entdeckt wird, hat nichts mit einem antimodernen und streng disziplinären Fundamentalismus zu tun, auch wenn manche Menschen ihren Halt gerade darin suchen und finden. Fundamentalismus ist der Sieg der Angst über einen nicht mehr kontrollierbaren Fortschritt. Er versteht sich als die eine »Wahrheit«, die nicht mehr hinterfragt werden darf, und missachtet die Erkenntnisse der heutigen Wissenschaft. Dieser Fundamentalismus ist in allen Religionen zu finden. Er bedroht die Freiheit des Menschen und auch die Freiheit der Veränderung. Er ist in der katholischen Kirche genauso zu Hause wie in anderen Religionen. Dem Mündigwerden der Christen steht im Fundamentalismus eine Art Kindertrotz gegenüber, der sich weigert, erwachsen zu werden. Die Märtyrerideologie der jungen Muslime, die sich in die Luft sprengen, um sofort ins Paradies zu kommen und auch andere zu retten, stellt eine extreme Form des weltweit neu erwachenden Fundamentalismus dar. Während der Opfertod Jesu von den Theologen längst relativiert wurde, wird er in den Gemeinden noch immer verkündet. Es kommen immer wieder Studenten zu mir, die sich beklagen, dass der Pfarrer in der Kirche andere Glaubensinhalte verkündet, als sie in ihrem Studium lernen. Paulus durfte noch sagen: »Unser Wissen ist Stückwerk.« Damals gab es noch keine absolute Wahrheit und kein unfehlbares Lehramt.

Viele, die sich von den christlichen Kirchen abwenden, suchen heute in den östlichen Religionen eine neue geistige Heimat. Doch auch diese Religionen haben sich im Laufe ihrer Geschichte institutionalisiert und zu Konfessionen mit Ritualen, Regelwerk und Glaubensvorstellungen entwickelt. So geraten viele Suchende in eine Sackgasse, denn ihnen werden erneut althergebrachte Glaubensinhalte vermittelt, die sie nicht suchten und derentwegen sie bereits die christlichen Kirchen verlassen hatten. Die Essenz der Religionen ist aber nicht in den Lehrgebäuden, den Ritualen zu finden, sondern in der Erfahrung der Wirklichkeit, auf die in den Konfessionen verwiesen wird.

Die Bedeutung der Religion

Die kulturelle und anthropologische Bedeutung der Religion hat sich unter der säkularisierenden Entwicklung unserer Zeit drastisch verändert. Der religiöse Mensch der Gegenwart ist nicht mehr auf der Suche nach einem Halt innerhalb eines Glaubensgebäudes und findet seine Antworten daher nicht mehr in der traditionellen kirchlichen Denkweise und Theologie. Die fundamentale Frage nach der Sinnhaftigkeit des zeitlosen Universums, gekoppelt mit der Frage nach der Sinnhaftigkeit der menschlichen Existenz, ist es, die den heutigen Menschen bewegt.

Die Wissenschaft verspricht dem Menschen heute eine immer längere Lebensdauer und den Sieg über Krankheiten, die für uns gegenwärtig noch lebensbedrohlich sind. Doch damit ist die Frage nach dem Sinn menschlicher Existenz keineswegs geklärt. Die Frage bleibt: Was haben die Geburt eines Menschen und die paar Jahrzehnte oder künftig vielleicht auch Jahrhunderte, die er auf diesem Staubkorn am Rande des Weltalls verbringt, für einen Sinn?

Das Weltraumteleskop Hubble erkundete in diesen Tagen, dass sich in der unfassbaren Entfernung von sechzig Millionen Lichtjahren zwei vorher isolierte Sternhaufen zu einer neuen Galaxie vereinigen und dass durch diesen gigantischen Zusammenprall Millionen neuer Sterne entstehen. Fast vierzehn Milliarden Jahre kam dieses Universum ohne den Menschen aus und wird eines Tages wieder ohne ihn auskommen. Wer oder was war Gott in diesen vergangenen Milliarden Jahren? Wo lag die Bedeutung von Jesus Christus in der Vergangenheit, als es den Menschen nicht gab, und wo liegt sie, wenn er nicht mehr da sein wird, das Universum aber weiterbesteht? Die traditionellen Religionen haben darauf für eine zunehmende Zahl von Menschen keine überzeugenden Antworten mehr.

Religionen haben sich entwickelt, weil der Mensch, als er Geist erlangte, nach dem Sinn seines Lebens und dem Sinn der Welt fragte. Sie stellen die Möglichkeit dar, das Unfassbare für den menschlichen Verstand fassbar zu machen und zu feiern. Religion ist eine sehr wichtige, ja absolut notwendige Errungenschaft der Evolution, denn als Sinnstifterin schützt sie die Spezies vor dem Untergang, dem der Mensch aus Mangel an Sinn wohl anheim gefallen wäre. Doch auch Religionen müssen sich wandeln, um zu einer zeitgemäßen Spiritualität zu führen. Wir können im 21. Jahrhundert und ausgehend von einem völlig neuen Weltbild nicht mehr von Gott so reden, wie das noch bis ins 19. Jahrhundert möglich war.

Der gesamte Mittelmeerkulturraum ist in seinem Denken von einem Dualismus durchdrungen, der von Aristoteles und seiner Lehre gefördert wurde. Theologie, Philosophie und ebenso unsere Kultur und Weltsicht sind von ihm und der Neuscholastik maßgeblich geprägt. Aristoteles ist der Schöpfer der Logik und Analyse: Begriff, Urteil, Schluss, Definition, Kausalität und Finalität sind die Instrumente der Ratio, die bei ihm im Vordergrund stehen. Substanz, Beziehung, Raum, Zeit und Qualität sind für ihn entscheidende Konzepte. Dualität kann vom Intellekt nicht zur Einheit geführt werden, und darin liegt die Tragik der westlichen Welt. Denn der Intellekt, diese wunderbare Gabe der Evolution, ist gleichzeitig ein Hindernis für ein umfassendes Verstehen. Er muss aufteilen, zerlegen und zerkleinern, um die Wirklichkeit zu erfassen.

Diese Aufsplitterung ist auch in die Theologie eingegangen. Aristoteles hat einen Gott entworfen, der über allem thront und zu dem der Mensch aufsteigen muss. Er ist der Gipfel der Schöpfung, doch er ist nicht in der Schöpfung. Er ist das Ziel, zu dem alles hinstrebt, doch er fließt nicht in die Schöpfung. Die Dinge kommen nicht von Gott, sie fließen zu ihm hin. Sein Gott ist nicht die überfließende Fülle, die sich als Schöpfung offenbart.

Albert Magnus und vor allem Thomas von Aquin und die ganze Neuscholastik sind von dieser aristotelischen Philosophie stark beeinflusst, und sie haben ihrerseits die christliche Religion maßgeblich geprägt. Das gilt für alle Schattierungen und Konfessionen der theistischen Religionen. Thomas von Aquin hatte kurz vor seinem Tod in der Kirche von Vosa Nova ein tiefes mystisches Erlebnis. Er offenbarte das einem Freund, bat ihn aber, niemandem davon zu berichten: »Alles, was ich geschrieben habe, scheint Stroh zu sein im Vergleich mit dem, was ich gesehen habe und was mir geoffenbart worden ist.«

Das dualistische Weltbild

Seit Anbeginn schlägt sich die westliche Welt in ihrer Welterklärung immer wieder mit diesem dualistischen Ansatz in Philosophie und Theologie herum: Gott / Mensch, Leib / Seele, Phänomenon / Noumenon, Transzendenz / Immanenz, Subjekt / Objekt. Dieser Ansatz findet sich auch im Ersten Testament, und er ging von da aus ins Christentum ein. Der Mensch stellte sich die Macht, der er den Namen Gott gab, als ein metaphysisches Wesen vor. Es erschien ihm vor allem in Visionen als eine Art psychische Macht. Im bildhaften Schauen dieser psychischen Strukturen erkannte der Mensch sodann ein personales Wesen, das die Geschicke der Welt lenkt. So entstanden die Schöpfungsmythen, und so entstand auch der »nahe Gott«, den Moses im brennenden Dornbusch sah und den er dem Volk der Israeliten als den »Gott, der da ist« verkündete.

Auch wenn die Theologie inzwischen von einer Geschichtsoffenbarung spricht, steht dahinter diese transzendente, dualistisch-mythische Gottesvorstellung, die in Gesichten gewonnen und in Bildern und Konzepten verkündet wurde. Gesichte, so wissen wir heute, sind nichts anderes als innere Wahrnehmungen, in denen sich das Göttliche in archetypischen Bildern als eine dem Ich überlegene Macht kundtun kann.

Jahwe hat, so die theistische Vorstellung, die Welt aus dem Nichts geschaffen, er dirigiert die Welt von außen. Er greift ein, wenn die Menschen versagen. Die Welt, so wie sie ist, verschuldet durch die Sünden der Menschen, wird zum Jammertal, zum Tal der Tränen, aus dem es zu fliehen gilt. Daraus resultiert eine Verachtung der Erde, des Körpers, der Natur, der Frau, der Sexualität und der Sinne. Diese dualistische Weltsicht ging auch in die Deutung dessen ein, was die Theologie »Ursünde« nennt. Sie wurde als Abfall von Gott, als Beleidigung Gottes gebrandmarkt. Das kreierte ein anthropomorphes Gottesbild mit Gott als Richter und Kontrollinstanz und machte damit einen göttlichen Erlöser und Versöhner erforderlich. Das Auftauchen des personalen Bewusstseins aus einem archaischen Vor-Bewusstsein wurde in der Erlösungstheologie als Abfall von Gott dargestellt, an dessen Folgen alle Nachkommen zu tragen haben. Wir traten aber aus der symbiotischen Einheit im Paradies eines prähominiden tierischen Daseins heraus, um Mensch zu werden und ein personales Bewusstsein zu entwickeln. Doch diese Entwicklung des menschlichen Bewusstseins aus einem archaischen Vor-Bewusstsein, die sich im Rahmen der Evolution vollzog, wurde zur folgenschweren Sünde erklärt.

Für dieses »schreckliche Vergehen« der Abwendung von Gott kam nur eine unermessliche Reparation in Frage: der Tod des Gottessohnes Jesus. Jesus hatte demnach eine Strafe zu erdulden, die eigentlich die Menschen treffen sollte. Die alttestamentarische Opfertheologie wurde ins Christentum übernommen. Der Tod Jesu wird als Lösegeld für den Freikauf des Menschen aus den Händen Satans und als Wiederherstellung der Ehre Gottes betrachtet. Ein solches Verständnis setzt ein zutiefst archaisches Gottesverständnis voraus. Gott wird zum Herrscher, Richter und Strafvollzieher für schlechtes Verhalten, und damit wird er letztendlich zu einem grotesken Wesen.

Die Vorstellung von einem strafenden Wesen ist eine der schlimmsten Verirrungen der Religionen. Wir können das, was wir Gott nennen, nicht beleidigen. Das ist eine kindliche Vorstellung, die wir nicht in einen Erwachsenenglauben übernehmen sollten. Ein Gott, der von einem Menschen beleidigt werden könnte, wäre eine lächerliche Gestalt.

Für die theistischen Religionen kommt Religion einseitig von außen auf den Menschen zu. Darin liegt ihr eigentliches Problem. Die Botschaft wird interpretiert als direkt von Gott geoffenbart und nimmt daher auch göttliche Autorität in Anspruch. Sie erscheint als von Gott legitimiert, als einmalige, geoffenbarte Wahrheit und fordert daher auch absoluten Gehorsam.

Von *Gott direkt geoffenbart* ist das Entscheidende. Das Christentum stammt dieser Sicht zufolge nicht vom Menschen, sondern direkt aus göttlicher Quelle. Es ist eine direkt von Gott selbst übermittelte Botschaft. Daher rührt auch der Absolutheitsanspruch. Was Gott geoffenbart hat, kann nicht falsch sein, auch wenn der Mensch das nicht versteht. Diese Botschaft bleibt wahr, auch wenn der Einzelne es nicht einsieht. Das Christentum verteidigt mit dieser Lehre seine historische Einmaligkeit; doch diese Selbsteinschätzung, die leicht zum Fundamentalismus werden kann, wird heute von vielen Menschen, auch von Christen selbst, nicht mehr akzeptiert. Ihnen erscheint es als naiv, ein Dogma für eine vom Himmel gefallene göttliche Wahrheit anzusehen, und auch all diese überkommenen archaischen Gottesvorstellungen passen immer weniger in unser zeitgenössisches Weltbild. Von der Wissenschaft wurde Gott im Laufe der letzten Jahrhunderte mehr und mehr entthront, und die Theologie musste immer mehr Korrekturen ihres Denkgebäudes hinnehmen. Die Welt wurde entzaubert, und Gott wurde zunehmend zu einer Hypothese.

Die Naturwissenschaft hat im Laufe ihrer Entwicklung ein gänzlich anderes Weltbild entwickelt als das, auf dem die Kirche ihre Lehre erbaut hat. Und nach wie vor hat die Kirche große Schwierigkeiten damit, die Erkenntnisse der Naturwissenschaft in ihr Lehrgebäude einzufügen. Als Nikolaus Kopernikus, Johannes Kepler und Galileo Galilei die Erde aus dem Zentrum der Weltsicht hoben, bedeutete dies nicht nur einen Durchbruch für die Wissenschaft, sondern auch einen Umsturz der religiösen Vorstellungen. Der neuen Weltsicht zufolge ist der Mensch nur mehr ein peripherer, zufälliger und unbedeutender Bewohner in einem riesigen Kosmos.

Galilei wurde seitens der Kirche gezwungen, sein heliozentrisches Weltbild zu widerrufen, und den Rest seines Lebens musste er im Hausarrest verbringen. Giordano Bruno starb auf dem Scheiterhaufen, weil er behauptet hatte, dass das Universum unendlich sei.

Im 19. Jahrhundert folgte Darwin mit seiner Evolutionstheorie. Er nahm uns Menschen unsere Einzigartigkeit, denn er zeigte auf, dass sich auch die menschliche Spezies wie alle anderen Wesen aus Urformen entwickelt hat. Diese Kränkung haben die Kreationisten bis heute nicht überwunden, und sie wehren sich vehement gegen alle wissenschaft-

- lichen Erkenntnisse, vor allem Erkenntnisse aus der Evolutionsbiologie, die nicht mit ihrem Weltbild übereinstimmen.

Freud, Adler, Jung und andere Psychoanalytiker und Psychologen des 20. Jahrhunderts revolutionierten das Verständnis der Psyche. Der Mensch musste die bittere Einsicht akzeptieren, dass er nicht Herr im eigenen Haus ist, dass ihn vielmehr unbewusste, archetypische Kräfte wesentlich mitbestimmen. Persönlichkeitstheorien, wie sie von den Religionen vertreten wurden, gerieten, vor allem durch die Entdeckung des Unbewussten, ins Wanken.

Auch die Idee von der Persönlichkeit als dem angeborenen Wesen des Ichs haben die Psychologen zu den Akten gelegt. Das Genom schreibt nicht allein das Drehbuch unseres Lebens: Forscher vermuten, dass der Einfluss des Erbguts je nach Studie und Persönlichkeitsmerkmal nur zwischen 30 und 60 Prozent liegt. Selbst eineiige Zwillinge können trotz genetischer Identität im Lauf ihrer Leben zu unterschiedlichen Charakteren heranreifen. Mittlerweile weiß man, dass Persönlichkeit sich auch nicht in den ersten Lebensjahren unveränderbar herausformt. Vielmehr zeigen die aktuellen Erkenntnisse über die Plastizität des Hirns, dass sich die Nervenzellen fast ein Leben lang neu organisieren können, mit Folgen auch für den Charakter. Vermutlich stabilisiert sich die Persönlichkeit endgültig erst in der Lebensmitte des Menschen. Das heißt umgekehrt, dass es relativ sinnlos ist, wenn Menschen ihr vermeintlich angelegtes Selbst finden oder verwirklichen wollen: Es geht nicht um die Suche nach einer Bestimmung, vielmehr muss der Mensch in eigener Freiheit entscheiden, welchen Weg er gehen will.

Ebenso ist die Rolle des Ichs, das uns stets als die Mitte unseres Menschseins galt, inzwischen fragwürdig geworden. Die Neurobiologie bestätigt uns heute, was die Mystik und die östlichen Religionen schon längst wissen: Es gibt kein permanentes, eigenständiges Ich. Unser Ich ist nur ein Instrument, auf dem ein weit größeres Bewusstsein spielt. Dieses Bewusstsein ist jedoch nicht unser Ich-Bewusstsein. Wir entdecken, dass unser Ich-Bewusstsein nur eine Oberfläche ist, hinter oder unter der kein Ich-Kern zu finden ist.

Wir können die Welt nur mit den Modellen wahrnehmen, die unser Gehirn kreiert. Diese Modelle werden von Erregungsmustern der Neuronenverbände hervorgebracht. Die Nervenzellen können sich ein Leben lang neu organisieren und damit immer wieder neue Ich-Konzepte hervorbringen. Versagen diese Neuronenverbände aber ihren Dienst, verschwindet auch das Ich und die uns bekannte Welt.

Die modernen Naturwissenschaften zwingen uns zu der Erkenntnis, dass die Welt nicht das ist, was wir sehen, hören und intellektuell begreifen. Unser Ich gleicht einer Brille, die uns etwas zeigt, das so nicht da ist. Es gaukelt uns eine Welt vor, die es gar nicht gibt. Die Welt, so wie sie uns erscheint, ist ein Sonderfall, aufgebaut auf ganz speziellen Organen, nämlich der zufälligen Struktur unserer fünf Sinne und des Intellektes. Als Beobachter sind wir vom Beobachteten nicht zu trennen und kreieren so auf Grund unseres Verstandes und unserer Sinne eine ganz bestimmte Welt. Unser Weltbild ist ein menschliches, aber wir können nicht sagen, was die Welt wirklich ist. Andere Lebewesen, die Frequenzen in ihrem Organismus anders verarbeiten, haben ein anderes Weltbild. Das Weltbild von Vögeln unterscheidet sich von dem des Menschen; Löwen haben wieder ein anderes so wie auch Fledermäuse. Engel, wenn es sie geben sollte, werden mit Sicherheit ein anderes Weltbild als wir Menschen haben, ebenso Wesen auf anderen Sternen. Wir können nicht annehmen, dass sie unsere Sinnesorgane und die Arbeitsweise unserer Großhirnrinde entwickelt haben.

Eine weitere Erschütterung unseres Selbstverständnisses als Homo sapiens, als »weiser Mensch«, begründet sich in unserer Unfähigkeit, soziale und ökologische Bedingungen auf der Erde zu schaffen, die eine Weiterexistenz unserer Spezies sichern. Die Vorboten einer drohenden Menschheitskatastrophe sind kaum noch zu übersehen. 75 Prozent der Erdbevölkerung lebt unter menschenunwürdigen Bedingungen. Die Zahl der hungernden Menschen ist weltweit inzwischen auf 852 Millionen gestiegen. Jede fünf Sekunden stirbt ein Kind an Unterernährung und dadurch ausgelösten Krankheiten, heißt es in dem jüngsten Bericht des UN-Sonderbeauftragten Jean Ziegler.

Phillip Harter von der Stanford-Universität stellte eine sehr eindrückliche Berechnung an. Wenn die Erdbevölkerung ein Dorf mit nur 100 Einwohnern wäre, würde sich folgendes Bild ergeben: Es würden dort leben: 57 Asiaten – 21 Europäer – 14 Nord- und Südamerikaner – 8 Afrikaner – 30 Weiße – 70 Farbige. 6 Menschen würden 59 Prozent des Reichtums besitzen. Alle wären US-Amerikaner. 80 würden in ärmlichen Behausungen leben, 70 würden nicht lesen können, 50 würden an Unterernährung leiden, 1 hätte eine akademische Bildung und 1 besäße einen PC.

Im letzten Jahrhundert haben sich 100 Millionen Menschen gegenseitig umgebracht. Seit 1945 verursachen Kriege täglich mehr als 1200 Todesopfer; die Ungerechtigkeiten multiplizieren sich, und die religiöse Intoleranz ist auf der ganzen Erde noch immer sehr lebendig und sogar auf dem Vormarsch. Sind wir eine entartete Spezies?

Tod und Auferstehung Gottes

In seinem Zarathustra lässt Nietzsche 1880 den Tod Gottes durch den »tollen Menschen« ausrufen: »Wohin ist Gott? Ich will es euch sagen! Wir haben ihn getötet – ihr und ich. Wir sind seine Mörder.«

Die Leute lachen erst darüber. Aber es ist ein Lachen, das sie langsam begreifen lässt, dass sie tatsächlich dabei sind, Gott zu töten. Plötzlich wird ihnen das ganze Ausmaß des ungeheuren Geschehens bewusst. Sie erkennen, dass sie nicht mehr wissen, wo sie hingehören. Sie begreifen jetzt, wie sehr Ethik und eine verbindliche Werteordnung bisher mit dem Begriff Gott verbunden waren.

Nietzsche wusste, dass er seinen »tollen Menschen« zu früh auftreten ließ. »Man wird mich etwa gegen das Jahr 2000 lesen dürfen«, sagte er einmal. Der »Tod Gottes« könnte uns heute ein ganz neues Verständnis von Religion eröffnen. Nietzsche suchte nach einer Wirklichkeit, die einen mystischen Charakter hat. Er suchte nach dem, was er die »dionysische Weisheit« nannte, das »Ur-Eine«, den »Gesamtklang der Welt«. Nietzsche war ein Gottsucher, und es ging ihm um eine Wahrnehmung, die über alle rationale Erkenntnis hinausgeht. Seine Spurensuche führte ihn zu dem, was hinter allen Namen steht, jene Wirklichkeit, aus der wir alle leben, jenen Ursprung, den uns die Mystik bewusst machen kann. »Wessen Gedanke einmal die Brücke zur Mystik überschritten hat, kommt nicht davon, ohne ein Stigma auf allen seinen Gedanken«, schrieb er in einer Tagebuchaufzeichnung.

Sein Zarathustra befürchtete, dass einmal eine Zeit kommen könnte, in der es für den »letzten Menschen« kein Licht mehr gäbe, das ihm die Sinnhaftigkeit seines Daseins weisen würde. Diese Zeit ist da. Viele Menschen sind auf der Suche nach dem wahren Hintergrund, aus dem alles kommt. Der Glaube allein trägt nicht mehr. Die Menschen suchen nach der Erfahrung dessen, was ihnen zu glauben verordnet wurde.

Man glaubte lange, die Welt im Darwinismus und Neodarwinismus als mechanische Entwicklung über Mutation und Selektion erklären zu können. Aber mehr und mehr wurde diese positivistische Welterklärung als nicht ausreichend empfunden. Der Glaube an die Allmacht der Physik und Astrophysik wurde durch neue Erkenntnisse und Forschungsergebnisse sehr gedämpft. Wir wissen mehr über den Kosmos, als je eine Zeit vor uns wusste, wir wissen aber auch, dass wir im Grunde nichts wissen.

Die Naturwissenschaft, die den archaischen Gott entthront hat, ist dieser inneren Instanz wieder auf die Spur gekommen. Den Anfang machte die Psychologie. Vor allem C. G. Jung erkannte, dass sich in der Tiefe der Psyche Strukturen befinden, die Informationen aus der strukturlosen Tiefe des

Selbst zu rational verstehbaren Informationen verarbeiten. Diese Tiefeninstanz macht sich in archetypischen Bildern bemerkbar. Sie sind die Chiffren, in denen sich das Unbewusste bewusst zu machen sucht. Sie offenbaren dem Menschen einen »Deus tremendum et fascinosum«, der sich oft auch in der Kunst niederschlägt. Von diesen inneren Bildern wird der Mensch geleitet und im Allgemeinen zu einer reiferen Persönlichkeit herangebildet. Oft liegt diese innere Instanz mit dem Ich-Bewusstsein im Zwiespalt, wird sich aber am Ende gegen die Widerspenstigkeit des Ich durchsetzen.

Die überkommenen archaischen Gottesvorstellungen passen nicht mehr in unser Weltbild. Das Einbeziehen von Erkenntnissen der Quantenphysik, Astrophysik und der Relativitätstheorie hat das alte Gottesbild entthront. »Gott« hat mit der allgemeinen Entwicklung des Bewusstseins nicht Schritt gehalten. Viele Wissenschaftler sind heute an die Grenze des rationalen Wissens und Erfassbaren gestoßen und sprechen von dieser anderen Instanz, die nicht mehr mental erfassbar ist, sondern nur erfahren werden kann. Sie sind überzeugt, dass diese Instanz andere Fähigkeiten besitzt als unser Ich-Bewusstsein und dass es letztlich diese Fähigkeiten sind, die mit Hilfe des Ich-Bewusstseins die Evolution vorantreiben.

Der Stand der Zivilisation, in der wir leben, mit ihren Technologien, Informationsmöglichkeiten, dem politischen und gesellschaftlichen Pluralismus, gibt uns die Möglichkeit, uns mit der Ebene dieser inneren Instanz oder Urwirklichkeit intensiver zu befassen. Aber es wird wohl noch einige Zeit dauern, bis ein Großteil der Menschheit bereit ist, einen Perspektivwechsel vorzunehmen und die wirkliche Lösung der Probleme von innen her anzustreben. Immer mehr Menschen fragen aber heute nach dem Sinn ihres Daseins, und die traditionellen Religionen können ihnen darauf kaum mehr glaubwürdige Antworten geben. Die Theologie ist weitgehend auf ihren archaischen Vorstellungen sitzen geblieben. Sie hat sich von den anderen Disziplinen immer mehr abgegrenzt und verschließt sich so auch einer innerdisziplinären Entwicklung. Dazu kommt die Schwierigkeit, neue Sachverhalte in überkommenen theologischen Begriffen zum Ausdruck zu bringen.

Der Glaube »an Gott« weicht heute nun der Sehnsucht nach einer spirituellen Erfahrung dieser »letzten Wirklichkeit«. Es geht nicht um die Entwicklung neuer intellektueller Konzepte und Vorstellungen, sondern um ein umfassendes Begreifen dessen, was wir Gott, diese letzte Wirklichkeit, nennen. Der Mensch der Gegenwart kann hierfür an dem großen Erfahrungsschatz der westlichen und der östlichen Mystik partizipieren, der letztlich über jede Religion hinausführt und erkennen lässt, dass Gott das Innerste des evolutionären Geschehens ist.

Fragen und Antworten

Wie würden Sie den Standort der Kirche in der heutigen Zeit beschreiben?

Institutionen neigen dazu, in der Tradition zu erstarren. Erneuerungen kommen daher nie von innen. Viele Interpretationen der christlichen Heilsgeschichte tragen nicht mehr. Viele Menschen (auch in anderen Religionen) bleiben durch diese tradierten Vorstellungen in ihrer Konfession stecken und werden in keine Erwachsenenreligion hineingeführt. Leider öffnen sich auch Theologen zu wenig einem zeitgenössischen Welt- und Menschenbild. Die jungen Menschen können der kirchlichen Terminologie nicht mehr folgen. Wenn die Bilder des Heils nicht für unsere Zeit gedeutet werden, führen sie zu einem kindlichen Religionsverständnis und geben dem Menschen keine Lebenshilfe und Lebensdeutung mehr. Man zieht dann einfach aus der Religion aus.

Während der mystische Weg im Buddhismus in den Formen des Zen und des Vipassana und im Hinduismus in verschiedenen Formen des Yoga systematisch gelehrt wird, ist in den theologischen Fakultäten und in den Priesterseminaren davon nicht die Rede. Die Mystik hat sich daher außerhalb der theistischen Religionen angesiedelt.

Von Nietzsche stammt der Ausspruch: »Gott ist tot«. Stimmen Sie dem zu?

»Wir haben ihn getötet«, sagt der tolle Mensch von Nietzsche. Ein Gott, den man töten kann, ist kein Gott. Töten kann man die Bilder, Vorstellungen und Konzepte von einem Gott. Was wir Gott nennen, ist rational nicht begreifbar, ist nur erfahrbar hinter allen Bildern und Konzepten. Das ist das Ziel aller mystischen Wege, auf einer tieferen Ebene zu erfahren, was vom Verstand nicht begriffen werden kann. Was stirbt, ist der Gott der Vorstellungen. Eckhart sagt daher: »Hätte ich einen Gott, den ich erkennen könnte, ich würde ihn nimmer für Gott ansehen!«

Brauchen wir als Menschen nicht das Du und damit auch das Du eines personalen Gottes?

Die letzte Wirklichkeit oder das absolute Bewusstsein, dem wir den Namen Gott gegeben haben, und unser Ich sind wie Welle und Meer. Die Welle kann das Meer immer ansprechen. Sie kann »Du« sagen. Sie kann aber auch erkennen, dass sie selbst Meer ist. Sie bleibt Welle, doch ihre Beziehung zum Meer ist nach dieser Erfahrung eine andere geworden. Sie kann sich einfach der Unendlichkeit des Meeres, der Unendlichkeit Gottes, öffnen. Ein anderes Beispiel: Gold und ein Ring aus Gold. Das Gold ist nicht identisch mit dem Ring, und Ring nicht mit dem

Gold. Aber sie können nur zusammen sein. Sie sind nicht-zwei. Der Ring kann also zum Gold »Du« sagen, aber er kann sich auch als eins mit dem Gold erfahren. Für die Mystik ist diese Erfahrung der Einheit das wahre Gebet. Liebende bitten nicht. Sie erfahren die Einheit hinter aller Dualität.

Die Kirche lehrt einen personalen Gott.
Wie stellen Sie sich das Göttliche vor?

Das absolute Bewusstsein ist mit unserem Verstand nicht erfahrbar. Gott lässt sich intellektuell nicht begreifen. Religionen kreieren Modelle, um diese unfassbare Urwirklichkeit unserem Ich begreifbar zu machen. Sie geben uns Vorstellungen und damit einen Platz in diesem ungeheuren Universum. Wir würden uns sonst verloren fühlen. Unsere personale Struktur, die dieses Modell kreiert, ist eine große Errungenschaft in der Evolution, ist aber auch eine Eingrenzung. Das absolute Bewusstsein, das wir Gott nennen, ist etwas anderes als das, was unsere Sinne, unser Verstand kreieren. Es liegt hinter allen Bildern und Vorstellungen und ist nur zu erfahren, wenn tiefere Dimensionen erschlossen werden. Das Wort »Person« scheint mir zu eng zu sein, um es auf Gott anwenden zu können. Ich öffne mich im Gebet dieser hintergründigen Wirklichkeit, wie der Ast sich der Erkenntnis »Baum« öffnet.

Gott ist das Innerste der Evolution. *Er/Es* vollzieht sich als das, was wir Universum nennen. *Er/Es* ist das Leben schlechthin und nicht etwas außerhalb. *Er/Es* vollzieht sich auch als das, was ich bin. Meister Eckhart kann daher sagen: »In dem Durchbrechen, wo ich ledig stehe meines eigenen Willens und des Willens Gottes und aller seiner Werke und Gottes selber, da bin ich über allen Kreaturen und bin weder ›Gott‹ noch Kreatur, bin vielmehr, was ich war und was ich bleiben werde jetzt und immerfort. … Mir wird in diesem Durchbrechen zuteil, dass ich und Gott eins sind. Da bin ich, was ich war.«

Wenn es keine göttliche Strafe gibt, weshalb sollten Menschen sich dann noch moralisch verhalten?

Dass Gott nach meinem Verständnis keine strafende Instanz ist, heißt für mich nicht, dass wir tun und lassen können, was wir wollen. Wenn wir Menschen zusammenleben wollen, müssen wir uns eine Ordnung geben. Weil wir Menschen so geworden sind, wie wir sind, können wir als Gemeinschaft nur existieren, wenn wir uns in ein System fügen, das von allen anerkannt wird. Wir können sagen, dass es uns so von diesem absoluten Bewusstsein in unserem So-Sein, bei unserer Menschwerdung gegeben wurde. Tief im Bewusstsein jedes Menschen liegt das Maß unseres Handelns, die Liebe. Jeder Mensch weiß tief in seinem Innersten, wenn er sich dagegen verfehlt.

Teil drei

Es gibt eine Wirklichkeit,
die vor Himmel und Erde steht.
Sie hat keine Form,
geschweige denn einen Namen.
Augen können sie nicht sehen.
Lautlos ist sie, nicht wahrnehmbar
für Ohren.

Daio Kokushi

Auf dem Weg zu einer Weltmystik

In allen theistischen Religionen finden sich drei Ebenen der Religiosität. Friedrich von Hügel bezeichnet sie als das Institutionelle, das Intellektuelle und das Mystische.

Auf der ersten Ebene, der institutionellen, steht Gott als der Schöpfer und machtvolle Herrscher. Ihm gilt es zu gehorchen. Er entscheidet über Gut und Böse. An ihn wendet man sich im Lob-, Dank- und Bittgebet. Er schickt der sündigen Menschheit Helfer und Erlöser. Bei Wohlverhalten wird der Mensch mit dem Himmel oder einer guten Reinkarnation belohnt, bei schlechtem Verhalten mit Strafe oder sogar mit der Hölle.

Auf der zweiten Ebene, der intellektuellen, ist Meditation über Texte aus den heiligen Schriften oder über Bilder zentral. Bei diesen Gebetsweisen werden Verstand, Gedächtnis, Wille und Gefühle aktiviert. Sie bleiben also ganz in der Ich-Aktivität und im personalen Bereich. Auch theologische Überlegungen gehören zu dieser Ebene. Die Theologie, Theodizee, Philosophie und Metaphysik entwickeln Vorstellungen und Ideen über diese Wirklichkeit und kommen zu Aussagen im rational-personalen Bereich. Der Mensch hat den Verstand erhalten, um auf dieser Ebene Erkenntnisse über die Urwirklichkeit zu formulieren.

Auf der dritten Ebene, der mystischen Ebene, geht es nun darum, alle Egokräfte ruhig zu stellen und alle Ichaktivität zurückzunehmen. <u>Das Ich soll schweigen, damit das auftauchen kann, was die Mystik unser wahres Wesen nennt.</u> Jesus nennt es das Reich Gottes. »Das Reich Gottes ist in euch«, sagt er. »Du musst wiedergeboren werden«, sagt er zu Nikodemus. Du musst eine zweite Geburt erleben, um ein Leben zu gewinnen, das du nicht mit dem Intellekt begreifen kannst. Nada, Unio mystica, Gottheit oder Brahman – Shakyamuni Buddha nannte es Leerheit – sind Bezeichnungen für diese Ebene. Die intellektuellen und psychischen Kräfte werden zurückgenommen, damit die non-duale Wirklichkeit erfahrbar wird. Wer auf diese Ebene durchbricht, erfährt die »wirkliche Wirklichkeit«, die über alle rationalen und personalen Fähigkeiten hinausgeht und eine ganz andere und neue Ebene des Erkennens vermittelt. Das ist das Ziel aller Religionen. Leider werden viele in einem rationalen, ja oft kindlichen Religionsverständnis festgehalten. Diese dritte Ebene führt in allen Religionen über die Bekenntnisse hinaus, und wenn der Weg wirklich bis zu Ende gegangen wird, endet er in allen Religionen auf dem gleichen Gipfel.

Der Weg der Kontemplation

Die christliche Kontemplation kann als der westliche mystische Weg verstanden werden, der in die Versenkung führen und die letzte Wirklichkeit erfahrbar machen will.

Das Wort »Kontemplation« kommt aus dem Lateinischen. Contemplari heißt »schauen«. In der christlichen Literatur wird der Begriff nicht einheitlich verwendet. Manchmal wird er im Sinne von Meditation oder Betrachtung verwendet und meint dann ein Meditieren über etwas, über einen Inhalt, sei es ein Spruch, ein Bild, eine Vorstellung. Dann wieder dient er zur Bezeichnung einer ungegenständlichen Form des Betens, und nur um diese geht es mir hier. Kontemplation meint dann kein Meditieren über einen Inhalt, sondern einen Zustand des Erfahrens jenseits der aktiven Kräfte unseres Tagesbewusstseins.

Ziel der Kontemplation ist das Schauen ins eigene Selbst, Schauen des Göttlichen in uns und in der Schöpfung in Form des Innewerdens oder Erfahrens jenseits unserer intellektuellen Fähigkeiten.

Kontemplation kann in vier Phasen eingeteilt werden, Phasen, die sich in der Praxis aber stets überschneiden:

1. Gebetsübung als Weg in die Kontemplation
2. Wahrnehmung des eigenen Seins –
   Gebet der Ruhe

3. Erleuchtungserfahrung
4. Personalisierung der Erleuchtungserfahrung

Die ersten beiden Phasen können von fast jedem Menschen durch Übung erreicht werden. Sie führen zu einem Zustand großer Ruhe und tiefen Friedens. Im christlich-religiösen Bereich nennt man ihn »Gebet der Ruhe«, das als schlichtes Sein in der Gegenwart Gottes erfahren wird. Der Mensch schaut in seine eigene Tiefe, die immer die Tiefe Gottes ist. Das »Gebet der Ruhe« hat gewöhnlich auch einen starken umstrukturierenden Effekt auf die Persönlichkeit. Doch handelt es sich hier noch nicht um einen mystischen Zustand im eigentlichen Sinn. Dieser tritt erst in den Phasen drei und vier ein. Der mystische Zustand widerfährt dem Menschen: Er kann nicht willentlich herbeigeführt, sondern nur durch die Übung vorbereitet werden. Er ist nur möglich, wenn die Seelenkräfte Verstand, Gedächtnis und Wille zur Ruhe gekommen sind. Alle seelischen Kräfte verhalten sich passiv; alle religiösen Bilder, Visionen, inneren Ansprachen, frommen Gedanken und Verzückung sind zurückgelassen. So schreibt Evagrios Ponticus in seinem Traktat *Über das Gebet*, dass man zur Einheit mit Gott nur kommen kann, wenn man ganz frei ist von Vorstellungen und Gedanken. Ebenso forderte der große spanische Mystiker Johannes vom Kreuz, alles Bildhafte und Konzeptionelle zurückzunehmen. Der Durchbruch, den er als Aufstieg auf einen Berg beschreibt, führt in einen transrationalen Bewusstseinsraum, den er mit Nada – Nichts – bezeichnete. Und Hadewijch von Antwerpen drückte diese Erfahrung in den folgenden Worten aus: »Wenn die Seele allein steht in der uferlosen Ewigkeit, weit geworden, gerettet durch die Einheit, die sie aufnimmt, dann wird ihr etwas Einfaches enthüllt, das Unaussprechliche, das reine und nackte Nichts.«

Der Mensch, der in diesen Raum eintreten darf, erfährt ein Erwachen zu seinem wahren Wesen, das Christen göttlich nennen. Dieses Einssein heißt so alt sein wie Gott, heißt zeitloses Leben sein. Unser tiefstes Wesen hat kein Alter. Es ist zeitlos wie Gott selbst. Wenn wir diese zeitlose Existenz erfahren, sind wir auferstanden.

Der Weg des Zen

Zen ist die Abkürzung des Wortes *zenna*. Es ist die japanische Leseart des chinesischen *cha-na, ch'an*, das wiederum die Übertragung des Sanskrit-Wortes *dhyana* ist und Sammlung des Geistes oder Versunkenheit bedeutet.

Zen entwickelte sich in China im 6. und 7. Jahrhundert in der Begegnung mit dem Daoismus. Schriften und religiöse Übungen sind zur Erlangung dieser Erfahrung der Non-Dualität nutzlos, sagt Zen. Der Weg zum Erwachen ist das Zazen, das Sitzen in der Versunkenheit.

Zen lässt sich in folgenden vier Aussagen zusammenfassen:
1. Zen ist eine besondere Überlieferung außerhalb der orthodoxen Lehre.
2. Es ist unabhängig von den heiligen Schriften.
3. Es deutet unmittelbar auf des Menschen Herzen.
4. Zen ist die Schau des eigenen Wesens.

Die erste Übertragung dieser wortlosen Lehre finden wir in der legendären Geschichte von Buddha auf dem Geierberg. Der Buddha hielt vor einer Versammlung schweigend eine Blüte in die Höhe. Alle waren ratlos, nur sein Schüler Kashyapa verstand und lächelte und hatte die Essenz der wortlosen Lehre des Buddha erfasst.

Zen ist ein Weg in ein Erwachen zur Wirklichkeit, es ist keine Konfession. Zen ist auch keine buddhistische Religion. Die ältesten schriftlichen Zentexte wie das *Shinjin-mei* und das *Shodoka* werden nicht müde, dies zu betonen. »Der höchste Weg ist nicht schwer, wenn du nur aufhörst zu wählen ... Die kleinste Unterscheidung bringt eine Distanz wie zwischen Himmel und Erde ... Je mehr Worte und Gedanken, desto weiter entfernt von der Wirklichkeit« *(Shinjin-mei)*. Oder wie es im Text von Daio Kokushi über Zen heißt: »O, meine lieben und ehrenwerten Freunde, die ihr hier versammelt seid: Wenn ihr euch danach sehnt, die donnernde Stimme des Dharma zu hören, gebt eure Worte auf, entleert eure Gedanken, dann kommt ihr so weit, das eine Sein zu erkennen.«

Entleert eure Gedanken. Die Leerheit ist es, die mit allem kommuniziert. Nicht die Formen kommunizieren miteinander, sondern der nicht-substanzielle Hintergrund allen Seins. Dieser bringt die alles einbindende Erfahrung der Einheit hervor, aus der die universale Liebe erwächst. Liebe ist die Grundstruktur der Wirklichkeit. Doch auch diese Aussage ist noch Bild und Gleichnis. Auch sie ist noch Analogie für das, was wirklich ist, und letztlich der Wirklichkeit unähnlicher als ähnlich. Der Bereich der Leere ist unser und aller Dinge tiefstes Wesen. Das Zeitlose offenbart sich in der Zeitlichkeit.

Der Zenmeister D. T. Suzuki schreibt: »Das Christentum ist monotheistisch, und der Vedanta ist pantheistisch, vom Zen lässt sich dergleichen nicht sagen. Zen ist weder monotheistisch noch pantheistisch, es spottet solcher Bezeichnungen. Daher gibt es auch keinen Gegenstand im Zen, auf den der Geist zu richten wäre. Zen ist eine schwebende Wolke am Himmel, keine Schraube befestigt es, kein Strick hält es ... Zen will unseren Geist frei und unbeschwert sehen. Schon der Gedanke an Einheit und Allheit ist ein hemmender Block und ein würgender Fallstrick, der die ursprüngliche Freiheit des Geistes bedroht.« (zit. nach Dumoulin, Geschichte des Zen-Buddhismus, S. 3)

An anderer Stelle schreibt er: »So weit ich zu sehen vermag, lehrt die christliche Erfahrung das Gleiche; das buddhistische Undenkbare entspricht der göttlichen Offenbarung, die etwas Übernatürliches und über den Verstand Hinausgehendes ist und völlig außerhalb der menschlichen Denkfähigkeit liegt. Wir werden diese Offenbarung so lange nicht verstehen, solange wir nicht die Fesseln unseres Verstandes und unserer Logik abgestreift haben. Gott wird sich niemals Köpfen offenbaren, die mit rationalen Vorstellungen vollgestopft sind; nicht weil er rationalem Verstehen abgeneigt wäre, sondern weil er einfach jenseits solchen Verständnisses ist. Das Offenbarwerden wird jedoch nur geschehen, wenn der menschliche Verstand sich erschöpft hat und all seine Ichhaftigkeit sowie alle Vorstellungen des Unterschiedenseins aufgegeben hat« (Zeitschrift »Visionen«, März 93, S. 42).

Zen hat seinem Wesen nach mit einer Religion nichts zu tun. Es ist vielmehr die nicht definierbare und nicht vermittelbare, nur vom Einzelnen selbst erfahrbare Wurzel des Seins. Es ist frei von jeglichem Namen. Religionen entspringen aus dieser Erfahrung, die Menschen im Laufe der Menschheitsgeschichte gemacht haben. In diesem Sinne ist Zen keine religiöse Tradition und auch keine buddhistische Religion. Es ist die von vielen Weisen erfahrene und mit verschiedenen Namen versehene Urerfahrung alles Seienden. Es ist die Aktualisierung der in jedem Menschen, in jedem Augenblick gegenwärtigen Erfahrung seines wahren Wesens.

Und so gibt es kein buddhistisches Zen und auch kein christliches Zen. Es gibt vielleicht Zenmeister, die Buddhisten sind, und Zenmeister, die Christen sind. Zen selbst jedoch bleibt von ihrer Religion unberührt. Daher ist es mein Anliegen, Zen auf seinen Ursprung zurückzuführen.

Das Gemeinsame der mystischen Wege

Mein langer Aufenthalt in einem japanischen Zen-Zentrum lehrte mich, dass die spirituellen Wege aller Religionen der gleichen Grundstruktur folgen. Ich erkannte, dass wir als Menschen Grundbegabungen haben, die uns allen gemeinsam sind. Eine dieser Begabungen ist es, dass wir den Hintergrund allen Seins erfahren können. Der wesentliche Schritt dorthin erfordert es, das Tagesbewusstsein zum Schweigen zu bringen, um unseren Geist von den Einschränkungen des Ego zu befreien. Wenn es uns gelingt, unsere Identifikation mit dem Ego aufzulösen, dann öffnet sich ein Bewusstseinsraum, in dem wir die Einheit allen Seins erfahren.

Es gibt verschiedene Zugänge zu diesem transpersonalen Bewusstseinsraum, wovon zwei die wohl gebräuchlichsten Grundformen aller spirituellen Wege darstellen. Sie werden gewöhnlich als Bewusstseinsvereinheitlichung und Bewusstseinsentleerung bezeichnet. Im Grunde haben beide nur ein Ziel: Das Ich zurückzunehmen, damit unser wahres Wesen aufscheinen kann. Ich liebe die kleine Geschichte vom Jünger der Göttin, der unbedingt das Antlitz der Göttin sehen wollte, aber das Antlitz der Göttin im Tempel war mit einem Schleier verhüllt. Und es hieß, wer den Schleier lüfte und in das Antlitz der Göttin schaue, der müsse sterben. Der Jünger sagte sich: »Lieber sterbe ich, als ewig von dieser Sehnsucht geplagt zu sein, das Antlitz der Göttin zu sehen.« Er ging in den Tempel und lüftete den Schleier. Und was sah er? Er sah sich selbst, er sah sein wahres Wesen, das hinter dem Schleier des Ich verborgen liegt. Es geht auf den spirituellen Wegen nur um eines: hinter den Schleier des Ich zu schauen. Die beiden genannten Grundstrukturen haben genau dieses Ziel.

Die erste Grundform ist die Bewusstseinsvereinheitlichung oder Bewusstseinssammlung mit Hilfe eines Fokus. Dabei werden alle Kräfte auf einen Bewusstseinsinhalt konzentriert. Dies kann der eigene Atem sein, ein unablässig wiederholtes Wort, ein Koan, ein Mantra oder ein Laut. Man übt zum Beispiel so lange mit dem Atem, bis Beobachter und Atem eins werden. Wenn das wirklich geschieht, öffnet sich eine neue Ebene des Erkennens.

Diese Übung führt zum Zurücktreten der Ego-Ebene und in eine tiefe innere Sammlung. Das Bewusstsein wird frei von Gefühlen, Gedanken und Ängsten. Die christliche Mystik nennt dies, wie bereits erwähnt, das »Gebet der Ruhe«, im Zen wird dieser Zustand »Samadhi« genannt. Das Ziel ist jedoch die Erfahrung der Leere, des Nichts, des Nada eines Johannes vom Kreuz. Aber dieses Nichts ist nicht nichts. Es ist die Potenz, aus der alles strömt.

Die zweite Übungsform der spirituellen Wege ist die Bewusstseinsentleerung. Diese strebt ein Nicht-Reagieren des Bewusstseins an. Das Bewusstsein ist dabei hellwach, bindet sich jedoch an nichts. Der/die Übende lässt alles, was aufkommt, vorbeiziehen, und sein/ihr Bewusstsein wird immer mehr zu einem Spiegel, der alles reflektiert, sich jedoch mit nichts identifiziert.

Es geht dabei um eine reine Aufmerksamkeit. Nicht um eine Aufmerksamkeit auf etwas, sondern um reine Präsenz. Das Bewusstsein betrachtet sich gleichsam selbst. Im Zen nennt man diese Übungsform *shikantaza*, das heißt »nur sitzen«, Shikantaza bedeutet, seinen Geist in gelassener Ruhe zu betrachten. Im Dao heißt es *wu wei*, nicht tun, absichtsloses da sein. Die Tibeter nennen es das Große Siegel (Sanskr. *mahamudra*) In der christlichen Kontemplation wird es in der *Wolke des Nichtwissens* als »Schauen ins nackte Sein« bezeichnet. Johannes vom Kreuz nennt es »Reine Aufmerksamkeit«.

Diese beiden Übungsformen führen zu einer Deautomatisierung des Bewusstseins. Sie arbeiten der Grundtendenz des Bewusstseins entgegen, sich zu zerstreuen und sich ständig mit neuen Inhalten zu befassen. Die Achtsamkeit auf das Hier und Jetzt führt zu einer Öffnung in die Stille, Weite und Unendlichkeit hinein. Möglich wird so die Erfahrung der Non-Dualität, der »Zusammenfall aller Gegensätze«, wie es der christliche Mystiker Nikolaus von Kues nannte. Alle dualistischen Unterscheidungen von Ich und Du, Subjekt und Objekt, wahr oder falsch sind in einer tiefen Erfahrung aufgehoben. Das Ich schmilzt in das Wesen hinein, in die Non-Dualität. Das ist die eigentliche mystische Erfahrung, die *unio mystica*. Hier gibt es keine Religion mehr, denn die Erfahrung ist transkonfessionell, transpersonal, nicht-dual und jenseits aller Konzepte. Hier lösen sich auch alle Vorstellungen von Gott auf. »Nada«, Nichts, nannte es der spanische Mystiker Johannes vom Kreuz. Im Zen wird dieser Zustand als Leerheit bezeichnet. Sie ist der nichtsubstanzielle Hintergrund allen Seins und damit unser und aller Dinge tiefstes Wesen. Wer diese Erfahrung gemacht hat, wird sie als die »wirkliche Wirklichkeit« erfahren und diesen Zustand als gewaltiger und umfassender ansehen als alles rational und sinnlich Wahrnehmbare. Aus dieser Erfahrung geht die alles einbindende Erfahrung der Einheit hervor, die Basis ist für eine universale Liebe.

Wir öffnen uns auf diesem Weg mehr und mehr für das, was ist. Daher ist nicht das Tun, sondern das Lassen der Weg. Es gibt auf dem Weg nichts zu er-

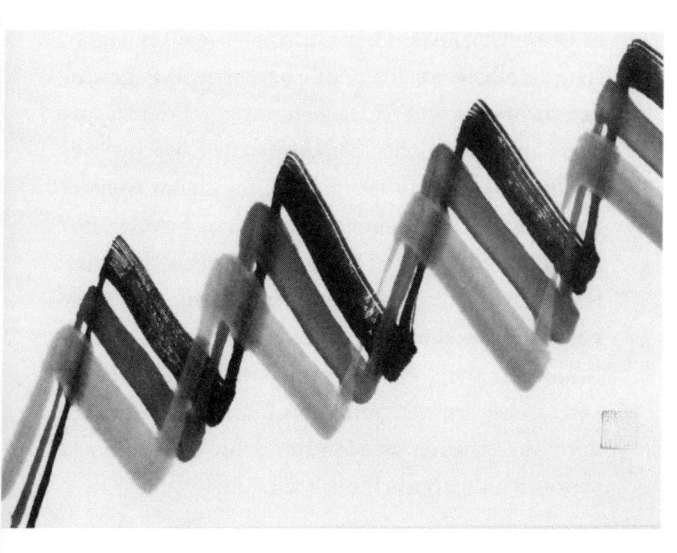

reichen, es gilt lediglich, da anzukommen, wo wir bereits sind und immer schon waren. Es gilt, zu unserem wahren Wesen durchzubrechen. Dort gibt es keine Gegenständlichkeit. Unser wahres Wesen ist leer, allgegenwärtig, still und rein. Wir gewinnen nichts hinzu. Wir wachen nur auf. <u>Erleuchtung sollte man von daher besser als ein Erwachen bezeichnen</u>. Es gibt auch nichts von einem Meister zu erhalten. Der Meister kann dem Schüler nur helfen aufzuwachen. Die<u>ser Raum, der sich öffnet</u>, ist unsere wahre Heimat. Wir haben ihm viele verschiedene Namen gegeben – Grund, Gottheit, Brahman, erste Wirklichkeit, letzte Wirklichkeit, kosmisches Bewusstsein, absolutes Bewusstsein – doch für unseren Verstand und für unsere Sinne bleibt er unbegreiflich.

Die <u>mystischen Wege können als die Kunst bezeichnet werden, eine bewusste Verbindung zu diesem unfassbaren Absoluten herzustellen</u>: Der christliche Mystiker Johannes Tauler beschrieb diese Erfahrung mit folgenden Worten: »Der Geist versinkt im Absoluten, so dass er alle Unterscheidung verliert. Er wird so eins mit der Süßigkeit der Gottheit, dass sein Wesen so mit dem göttlichen Wesen durchdrungen wird, dass er sich verliert wie ein Tropfen Wasser in einem großen Fass Wein, so dass er alle Unterschiede verliert ... und es ist eine lautere, stille, heimliche Einigkeit ohne allen Unterschied.«

Und der Sufi-Mystiker Al-Halladsch drückte diese Erfahrung mit den Worten aus: »Ich bin der, den ich liebe, und der, den ich liebe, ist ich.«

In allen Traditionen der Mystik – im Hinduismus, Neuplatonismus, im Sufismus, im Zen ebenso wie in der christlichen Mystik – finden wir dieselben wiederkehrenden Erfahrungen, die von einer unwandelbaren Einmütigkeit zeugen. Die wahre Einheit der Religionen ist daher in ihren mystischen Wegen zu finden. Denn alle Religionen haben ihren Ursprung in mystischen Erfahrungen, die Menschen im Laufe der Menschheitsgeschichte gemacht haben. Sie gründen sich auf die von vielen Weisen gemachte und mit verschiedenen Namen versehene Urerfahrung alles Seienden. Wer diese Erfahrung gemacht hat, weiß, dass alle Religionen nur Ausdeutungen sind, die auf das *Eine*, auf die letzte Wirklichkeit, verweisen.

Der Sufi-Mystiker Rumi schreibt: »Ich kenne mich selbst nicht mehr. Bin kein Christ, kein Jude, nicht Perser noch Moslem. Alle Trennung ist überwunden! Ich sehe die Welt als All-Eines. Dieses Eine ersehne ich, dieses Eine erkenne ich, dieses Eine sehe und bekenne ich.«

Ein mystischer Weg lässt sich an jedem Ort und zu jeder Zeit leben. Er braucht keine Religion, kein Dogma, keine organisierte Gemeinschaft, keinen Tempel und keine Kathedrale. Niemand muss sich dafür die Haare scheren und Ordensgewänder anlegen. Ein mystischer Weg lässt sich in jeder denkbaren Gesellschaftsform verwirklichen. Da alle Menschen eine Grundstruktur in sich haben, die ihnen den mystischen Weg ermöglicht, kann jeder Einzelne dieser Urerfahrung seinen ganz individuellen Ausdruck verleihen.

Mystik ist nicht konfessionsgebunden. Sie übersteigt in der Erfahrung den konfessionellen Rahmen. Es gibt eine transkonfessionelle Spiritualität. Es gibt eine säkulare Mystik. Ja es gibt eine Spiritualität ohne personalen Gott.

Das mystische Gebet beziehungsweise das Sitzen in Versunkenheit blühte bereits einige tausend Jahre, bevor sich die ersten Weltreligionen bildeten. In all diese Religionen hat es, wenn auch mit eigener Prägung, Eingang gefunden, denn alle Religionen werden wesentlich aus der transzendentalen Erfahrung gespeist. In den Jahrhunderten vor Christus gab es in Nordindien eine Blütezeit der Spiritualität. Eine Vielzahl von Praktiken wurde entwickelt, um den Geist zu sammeln und zur Ruhe zu bringen. Durch diese Formen innerer Einkehr gelangten viele Menschen in einen transpersonalen, mystischen Bewusstseinsraum, der ihnen tiefe spirituelle Erfahrungen schenkte. Nordindien kann als die Heimat der interreligiösen inneren Einkehr bezeichnet werden. Shakyamuni Buddha war sicher nicht der Erste, der in den transpersonalen Raum vordrang. Er trat in die Fußspuren vieler Vorgänger. Offensichtlich breitete sich diese Spiritualität dann vom heutigen nördlichen Indien über den Himalaya nach China und Ostasien aus. Sie fand den Weg nach Süden bis nach Sri Lanka und Indonesien und gelangte schließlich über die Seidenstraße in den Westen. Als Sufismus ging sie in den Islam ein. Auch Jesus war ein tief erfahrener Mystiker, der das »Reich Gottes« im Menschen verkündete. Viele Gleichnisse, die ihm zugeschrieben werden, kommen aus dem zentralasiatischen Erzählgut. Alexandrien war in den Jahrhunderten vor Christus ein Schmelztiegel von Ost und West. (Vielleicht war Jesus wirklich eine Zeitlang dort, wie manche vermuten.) Von hier aus gelangte diese Spiritualität zu den Wüstenvätern und durch Cassian und Dionysius in die westliche Kirche. Von Alexandrien aus fand sie auch den Weg in die Ostkirche, wo sie sich als Herzensgebet manifestierte. Heilige Worte, die Wiederholung eines Gottesnamens oder eines Mantras sind im mystischen Gebet weltweit verbreitet. Auch finden wir in vielen spirituellen Wegen die Verwendung einer Gebetsschnur – im Buddhismus die Mala, im Christentum den Rosenkranz, bei den Sufis werden mit Hilfe einer Gebetsschnur die Namen Gottes rezitiert.

Leider wurden die mystischen Erfahrungen der Weisen seitens ihrer Nachfolger zunehmend institutionalisiert und verfestigt, wodurch das Eigentliche immer mehr verloren ging. Religionen sollten jedoch Wege sein, die uns Menschen zu unserem Ursprung zurückführen, zu dem, was unser tiefstes

Wesen ist – das Göttliche in uns, das in allem existiert. Da die mystische Erfahrung so tief in der menschlichen Existenz angesiedelt ist, dass sie jedem Versuch, sie rational mitzuteilen, widersteht, werden der Mystik häufig Vernunftfeindlichkeit und elitärer Erleuchtungsdünkel vorgeworfen. Die institutionalisierten Religionen, die ein rationales und dogmatisches Begreifen der ersten Wirklichkeit anstreben, tun sich schwer mit ihren mystischen Wurzeln. Viele Mystiker und Mystikerinnen fielen daher der Ausgrenzung, Verfolgung und Brandmarkung zum Opfer, und nicht wenige mussten für ihre Erfahrungen mit dem Leben einstehen.

Westöstliche Spiritualität

Während die traditionellen religiösen Wege eine innere Befreiung von der Welt durch die Loslösung vom Diesseitigen zu erreichen versuchen und das Eigentliche ins Jenseits verlegen, um dort eine unmittelbare Schau des Absoluten, des Göttlichen, der Leere und des Unbekannten zu erreichen, knüpft eine zeitgemäße, integrale Spiritualität an die mystischen Wege des Ostens und des Westens an und stellt das Hier und Jetzt in den Mittelpunkt. Denn im Hier und Jetzt drückt sich das Unbeschreibbare aus, in genau dieser Form, zu dieser Zeit, an diesem Ort. Es geht nicht darum, aus der Welt zu scheiden, zu verlöschen, in den Himmel oder eine neue Wiedergeburt einzugehen, um Seligkeit oder Erlösung zu erreichen. Es geht vielmehr um die Erkenntnis, dass wir und alles durchdrungen sind von dieser Urwirklichkeit. Es geht darum, diesen Tanz des evolutionären Geschehens in diesem Augenblick mitzutanzen. Man tanzt nicht, um möglichst schnell zu Ende zu kommen, man tanzt um des Tanzes willen. Sich selbst als Tanzschritt des Tänzers Gott und zugleich als Tänzer zu erfahren, zu erleben, dass alles Handeln spirituell durchdrungen ist, das ist das Ziel. Es ist die Wahrnehmung, mit allem in fragloser Gegenwart verbunden zu sein. Dies ist eine Wachheit ganz anderer Art, die in die Erfahrung der Leere, des Nichts, übergeht. Doch diese Leerheit ist nicht leer, und das Nichts ist nicht Nichts. Es ist ein Bewusstsein, das sich als transrational beziehungsweise arational bezeichnen lässt. Diese Erfahrung besitzt eine unumstößliche und außerordentliche Qualität. Sie kann vergessene Tore aufsprengen, religiöse Überzeugungen umstoßen und für den Lebensweg unerwartete Konsequenzen haben. Diese Erfahrung mündet schließlich in den Alltag, wie es das zehnte und letzte Ochsenbild im Zen von der Rückkehr auf den Marktplatz zeigt. Hier, in unserem ganz gewöhnlichen Leben, hat sich alle Erfahrung zu bewähren. Denn das Ziel der Mystik ist nicht eine abgehobene Ekstase, sondern die volle Entfaltung unseres Menschseins. Über die Erfahrung des Nichts führt der Weg ins Alles. Echte Mystik ist weltbejahend und führt in eine ganz neue Form der Weltliebe. Sie bejaht nicht nur Welt und Mensch, sondern auch den Geschichtsprozess in der Zeit. Denn der Mensch, der in einer mystischen Erfahrung seine kindhafte Homozentrik und Geozentrik überwunden hat, weiß sich in den evolutionären Prozess eingebunden, in dem sich das Göttliche entfaltet. Geborenwerden und Sterben, das Gute ebenso wie das sogenannte Böse werden als Vollzug des Lebens im Hier und Jetzt erkannt. In allem ist die Schöpferkraft des Göttlichen. Die Erfahrung dessen lässt im Menschen selbst die Schöpferkraft lebendig werden und führt ihn in die Verantwortung für die Welt und seine Mitmenschen. »Der schöpferische Mystiker war von jeher das Kreuz der Kirche. Aber diesen Leuten verdankt die Menschheit ihr Bestes«, erkannte C. G. Jung.

Das zeitlose Bewusstsein manifestiert sich als das Unbekannte, Unmanifestierte, Absolute und Göttliche, das in der reinen Potenz, der Leere, der Freiheit ruht. Es besitzt keine Struktur, keine Form, keine Bewegung, es ist reine, unmittelbare Bewusstheit. Es ist zeitlos, allgegenwärtig und kennt keine Trennung. Das Unbekannte und Absolute erscheint auch als individuelles Leben, als eine spezifische, ganz konkrete Form, es manifestiert sich als unser ganz persönliches Leben. »Leere ist Form, und Form ist Leere«, heißt es im *Herzsutra*. Dies ist die »hagios gamos«, die heilige Hochzeit zwischen Himmel und Erde, zwischen Gott und Mensch, Leerheit und Form. Es konkretisiert sich als dieses, mein ganz individuelles Menschsein. Einzigartig, unverwechselbar, einmalig bin ich diese Note in der Symphonie Gott und bin zugleich die Musik, die zeitlos erklingt und weder Anfang noch Ende kennt. Ich bin eine Figur des unendlichen Spielers auf diesem Schachbrett Evolution. Dieser Spieler spielt sich selbst als diese Figur. Ich bin der/die Gespielte. Mich selbst auch als Spieler zu begreifen, das ist das Ziel aller Mystik.

Das erwachte Bewusstsein durchdringt und durchstrahlt die Welt. Es geht dabei nicht nur um eine Rettung aller Lebewesen im Sinne des ersten Gelübdes im Zen: »Zahllos sind die Lebewesen. Ich gelobe, sie alle zu retten.« Es geht um eine Weiterführung des evolutionären Geschehens. »Unser Erwachen ist ein Erwachen Gottes und unser Auferstehen ein Auferstehen Gottes.« (LK IV,9)

Das Erwachen des Menschen ist ein Erwachen Gottes. Das Erwachen der Gesellschaft ist ein Erwachen Gottes in der Gesellschaft. Und das Erwachen des Kosmos ist ein Erwachen Gottes in der Evolution.

Die mystische Dimension ist von Anfang an Teil unserer menschlichen Natur. Diesen göttlichen Kern zu erkennen ist das Ziel unseres Lebens. Wir sind Geschöpfe, die sich auf der Durchreise zu diesem Ziel befinden. Aus diesem Grund sind wir Mensch geworden. Aus dieser Erkenntnis entspringt alle Ethik.

Wir hungern nach dem Göttlichen und nach einem inneren Durchbruch. Früher oder später wird er passieren. Wenn wir begreifen, dass wir zutiefst mit dem Ganzen und mit allen anderen Wesen verbunden sind. Unser Getrenntsein ist eine Illusion und der größte Irrtum unserer Zeit. Solange das menschliche Dasein als getrennt von der höchsten Wirklichkeit erfahren wird, plagen uns Unwissenheit, Illusion, Zweifel und Sinnlosigkeit. Wenn ein Mensch sich wirklich bemüht und sich jeden Tag Zeit für die Meditation nimmt, wird er sich dieser Erkenntnis ständig nähern.

Die Transformation, die wir anstreben, wird niemals ausschließlich durch spirituelle Praxis erreicht. Es geht um mehr als um unsere eigenen Bemühungen, so heroisch sie auch sein mögen. Unsere Praxis soll im Alltag in einer liebevollen Präsenz und einer ständigen Beziehung zu dieser Wirklichkeit ihre Fortsetzung finden. Sie führt in den Alltag und ins ganz gewöhnliche Leben. Wir erreichen keine Transformation durch das, was wir tun, sondern durch unser Einswerden mit der Quelle, aus der alles fließt. Diese Quelle kann nur eine sein. In der Erfahrung dieser Quelle liegt die wahre Einheit der Religionen.

Mystische Erfahrungen weisen uns den Weg hin zur nächsten Entwicklungsstufe unseres Bewusstseins. Wir sind als Spezies nicht dazu bestimmt, in Zwietracht und Feindschaft zu leben. Die mystische Erfahrung lehrt uns, dass wir Menschen einander nicht fremd sind und dass wir in Liebe miteinander leben können. Sie weist uns Wege, unsere Ich-Struktur zu transzendieren und unser menschliches Verhalten zu verändern. Die Erfahrung der Einheit besitzt eine transformierende Kraft, die unser menschliches Verhalten grundlegend verändert. Denn alle spirituellen Wege, die zur Innenschau führen, lassen erfahren, dass nichts getrennt, sondern alles eins ist.

Es ist uns Menschen möglich, unser Ego zu transzendieren und einen Hintergrund zu erfahren, der uns mit allem Seienden vereint. Dies lässt uns schließlich begreifen, dass wir selbst Ausdruck des universalen Bewusstseins sind.

Dieses Bewusstsein ist zeitlos, ohne Anfang und daher immer gegenwärtig. Es entfaltet sich wie ein Fächer, und es gibt nichts außerhalb, keine Falte ist außerhalb des Fächers. Das Bewusstsein ändert sich nicht, sowenig, wie sich das Meer ändert, auch wenn es sich in Millionen und Abermillionen von Wellen zeigt. Das Bewusstsein tritt aus sich heraus und entfaltet sich selbst. Es ist wie die Sonne, die sich auf der Oberfläche des Ozeans spiegelt. Wenn sich das Wasser kräuselt, entstehen Tausende kleiner Sonnen, und das Spiegelbild der Sonne ist verschwunden. Tausende kleine Sonnen sind als die vielen Wellen erschienen. Alle spiegeln sie, alle offenbaren sie in ihrer Eingrenzung die eine Sonne. Das eine Bewusstsein wird in viele Teile zerbrochen – zusammen aber sind sie das eine Bewusstsein.

Auf der Ebene des personalen Bewusstseins gibt es ein Ich und ein Du. Auf der Ebene des universalen Bewusstseins gibt es nur die Non-Dualität oder die *unio mystica*. Unser rationales, personales Bewusstsein lässt sich ständig täuschen und meint, es gebe nur die kleinen reflektierenden Wellen. Damit verneint es die Sonne. Wer nur die Sonne sieht und nicht die Wellen, verleugnet die Existenz der Wellen. Das eine Bewusstsein entfaltet sich in viele Einzelformen, die nicht von ihm getrennt sind.

Die letzte Wirklichkeit

Dieses reine, universale Bewusstsein ist der Hintergrund, die Potenz, aus der alles kommt. Wir können es auch *das Eine* nennen. *Das Eine* ist die wahre Natur aller Lebewesen. Es war schon vor der Geburt deiner Eltern da, sagt Zen, somit auch vor unserer eigenen Geburt. »Bevor Abraham ward, bin ich«, sagt Jesus. Es ist zeitlos und unwandelbar. Es offenbart sich als diese Form, die wir sind. Es entsteht nicht bei der Geburt, und es vergeht nicht im Tod. Es ist weder gut noch böse. Es ist mit nichts vergleichbar.

Das *Eine* ist non-dual. Es ist wie der Ozean, der unverändert bleibt, auch wenn er Millionen von Wellen wirft. Dieses *Eine* ist der Urgrund aller Dinge. Es hat nie angefangen, denn es ist immer schon da. Und es hört niemals auf. Es lässt sich erfahren und hat mit Glauben nichts zu tun. Keine Philosophie, Theodizee oder Metaphysik können es erfassen. Es ist das grenzenlose, absolute *Jetzt*.

Aus diesem absoluten *Jetzt* steigen die vielen Formen und Wesen des Universums wie aus einem abgrundtiefen, nie versiegenden Brunnen auf. Zen nennt es einen Brunnen, der kein Wasser hat. Wir können es Quelle nennen, doch es ist eine Quelle, die kein Wasser hat.

Dionysios Areopagita nannte es die »Erste Ursache«. Er schrieb:

»Die erste Ursache von allem ist weder Sein noch Leben. Denn sie ist es ja gewesen, die Sein und Leben erst erschafft. – Die erste Ursache ist auch nicht Begriff oder Vernunft. Denn sie ist es ja gewesen, die Begriffe und Vernunft erschafft. – Nichts in dieser Welt ist die erste Ursache. Denn alles in dieser Welt ist ja von ihr erschaffen.

Und dennoch ist sie keineswegs ohne Macht: Denn sie hat doch alles erschaffen, alles ins Sein gerufen, was ist. Und Schöpfung, Ruf ins Sein braucht eine Macht, damit auch wirklich etwas entsteht. – Und dennoch ist diese erste Ursache auch keine Macht. Denn sie ist es ja gewesen, die Macht erst erschafft.«

Immer neue Formen steigen aus dem *Einen* auf. Es ist die Ursache der Ursache der Ursachen, der Hintergrund, aus dem alles strömt. Es ist das »Nichts«, das sich immer wieder ausformt. Alle Dinge und alle Lebewesen kommen aus diesem *Einen*. Alle Dinge und alle Lebewesen bestehen aus dem reinen, ursprünglichen, göttlichen *Einen*.

Es gibt goldene Ringe, goldene Armbänder, doch sie sind nicht das Gold. Das Gold gibt ihnen die Existenz, bleibt davon jedoch unberührt. So bestehen Menschen, Tiere, Bäume, Blumen, Steine, Wasser, Berge, Planeten, Monde, Sonnen, Spiralnebel, wir selbst mit unseren Gefühlen, Gedanken und Intentionen aus dem *Einen*. *Das Eine* ist gleichsam unser Familienname. Wir sind alle von dieser »einen Familie«. Es ist der Nenner, an dem alle Zähler partizipieren. Da wir *dieses Eine* sind, sind wir auch nicht entstanden und werden nicht vergehen. Wir sind unserem Wesen nach ungeboren und unsterblich. Wir sind immer schon da.

Unsere Form ändert sich, und sie ändert sich täglich. Auch die Wellen des Meeres verändern ständig ihre Form. Wie die Wellen des Meeres ständig ihre Form verändern und doch das Wasser des Ozeans bleiben, so verändern auch wir ständig unsere Form und bleiben doch immer *das Eine*, das Absolute, die Leerheit, die sich selbst nicht wandelt: der *Absolute Geist*, der sich selbst nicht wandelt. Die äußere

Form wird sterben – doch unser *Geist*, der wir sind, ist unvergänglich und unzerstörbar.

Der *Absolute Geist* ist die wahre Natur aller Lebewesen. Er ist jetzt da, ewig, unwandelbar. Wenn wir das erfahren, erfahren wir unser wahres Gesicht, unser Urantlitz, wie es im Zen genannt wird. Dieses unser wahres Gesicht, das *Eine*, wiederzuerkennen ist das Ziel aller spirituellen Wege. So sag mir, was ist dein *wahres Gesicht*? Was ist dein ursprüngliches Gesicht? Welches ist dein Gesicht, das immer und ewig und unwandelbar dein eigenes Gesicht ist? Dieses Gesicht, das dir niemand nehmen kann? Dieses dein wunderbares Gesicht, das du selber bist?

Es zeigt sich auf vielerlei Weise, es wandelt sich, wie sich die Welle auf dem Meer wandelt, doch immer bleibt es unverkennbar dein Gesicht, das sich nicht verbergen kann. Es ist dir urvertraut, und wenn du es entdeckst, wirst du es wiedererkennen. Dann wirst du wissen, dass es immer dasselbe ist und war – vor deiner Geburt, vor der Geburt deiner Eltern, vor endlosen Zeitaltern und am Ende der Welt. Dann wirst du erfahren, dass die Welt untergehen kann, doch dein Urantlitz niemals vergehen wird. Wer dahin durchbricht, erkennt es sofort wieder als sein wahres Wesen. Du kannst dann sterben, denn was du bist, ist unvergänglich.

Mystik und Zen benutzen für die unaussprechliche Wirklichkeit oft die negative Beschreibung und sagen, was sie nicht ist. Zenmeister Bassui beschrieb es ähnlich wie Dionysios:

»Er entsteht nicht bei der Geburt, und er verschwindet nicht im Tod. Er ist weder männlich noch weiblich. Er ist weder gut noch böse. Er ist mit nichts vergleichbar.

Deshalb wird er Buddha-Wesen genannt.«

Es ist eigenschaftslos und übersteigt alles, was wir kennen und uns vorstellen können. Und doch ist *dieses Eine* unsere wahre Identität. Wir entstehen nicht bei der Geburt. *Das Eine* grenzt sich ein in diese Form. Wir gehen im Tod nicht unter, es verliert nur die Form.

Es ist immer nur der *Absolute Geist*, der die vielen Erfahrungen macht, obwohl er selber nicht geboren wird und nicht stirbt. Das *Eine* erlebt sich als Geborenwerden und Sterben.

In einer tiefen spirituellen Erfahrung erfährt der Mensch, dass es nur die äußere Form ist, die entsteht und vergeht. Dann endlich erkennt er sich wieder als das *Unendliche* und *absolute Sein*. Er entdeckt, dass er sich immer schon gekannt hat und es nur vergessen hatte und dass er sich nun wieder gefunden hat. Dann könnte er sprechen, wie es in einem indischen Text geschrieben steht:

»Ich bin das unendliche Weltmeer – ich bin ewig und unsterblich – ich bin Geist.«

Fragen und Antworten

Wenn Ihrer Meinung nach erst die mystische Erfahrung den Menschen ein wirklich moralisches Handeln lehrt, das aus der allumfassenden Liebe kommt, woher nehmen dann Menschen ihre Moral, die keine mystische Erfahrung gemacht haben?

Ich bin davon überzeugt, dass jeder Mensch in seinem Innern ein eingepflanztes »Wissen« hat, das ihm sagt, was gut und böse ist. Es ist ein »Urwissen«, das in uns schlummert und das als unser wahres Wesen immer wenigstens geahnt werden kann.

Wie sähe eine Gesellschaft aus, in der alle Menschen mystische Erfahrungen hätten?

Auch in dieser Gesellschaft gäbe es verschiedene Ansichten, und es gäbe Auseinandersetzungen. Sie würden jedoch nicht durch Terror, Revolution und Krieg gelöst, sondern durch einsichtige Kompromisse, die jedem das mögliche Maß zuteilen würden. Es gäbe immer noch Krankheit, Leid und Tod, aber aus der tiefen Seinserfahrung heraus würde deren Sinnhaftigkeit jedem einsichtig sein. Vor allem aber würde der Mensch sein wahres Wesen erkennen, das sich auch in scheinbaren Mängeln ausdrückt.

Weshalb sieht die institutionalisierte Religion die mystischen Wege als Bedrohung?

Während in den östlichen Religionen die Erfahrung des wahren Wesens in der Tiefe des Menschen der Ausgangspunkt und Höhepunkt der Religion ist, gehen die theistischen Religionen von einer Offenbarung aus, die von außen kommt. Diese Offenbarung ist in Dogmen festgeschrieben. Eine mystische Erfahrung führt in die Erfahrung dieser Lehren und möchte sich in den daraus fließenden Bildern und Vorstellungen ausdrücken. Leider nennen das die theistischen Religionen oft »Privatreligion«. In Wirklichkeit brechen wir alle zur gleichen Ebene durch, wenn wir eine umfassende mystische Erfahrung machen. Sie ist für Buddhisten, Hindus, Muslime und Christen die gleiche. In den Aussagen christlicher Mystiker kann ich die gleiche transpersonale Ebene der Erfahrung erkennen wie in den Aussagen der Zenmeister und der Weisen des Hinduismus. Die theistischen Religionen, die alle, ob sie es wahrhaben wollen oder nicht, eine fundamentalistische Grundeinstellung haben, sehen darin einen Autoritäts- und Machtverlust und grenzen daher die Mystik aus.

Ist Mystik revolutionär?

Mystik ist immer revolutionär, aber sie ist nicht aggressiv. Und, ganz wichtig, sie geht in den Alltag hinein. Der Weg endet auf dem Markplatz, oder, wie Joseph Beuys sagte, das Mysterium findet am Hauptbahnhof statt. Wir gehen zurück in unser Alltagsleben, und dort haben wir eine Aufgabe, einen Auftrag. Im Zen gibt es die zehn Ochsenbilder. Ursprünglich hörten die Ochsenbilder mit dem achten Bild, dem leeren Kreis, dem Erlöschen, auf. Durch den Einfluss des Daoismus kamen dann zwei weitere Bilder hinzu. »Die Rückkehr auf den Marktplatz«, »Die Rückkehr in das Leben«. Ähnliches drückte auch Meister Eckhart in seiner Deutung der biblischen Geschichte von Martha und Maria aus: Nicht Maria, die verzückt zu Jesus Füßen saß, hatte für ihn das Ziel erreicht, sondern Martha, die in der Küche die Mahlzeit bereitete und ihre Erfahrung damit wieder in das Alltagsgeschehen einbrachte.

Kann ich auch als Nicht-Christ einen spirituellen Weg gehen?

Spirituelle Wege und Religiosität sind nicht an eine Konfession gebunden. Die absolute Wirklichkeit ist auch für Menschen erfahrbar, die keiner Konfession angehören. Entscheidend ist die Überzeugung, dass ich die Ausdrucksform, die Manifestation, von etwas Größerem bin und dass meine Ich-Struktur nicht mein wahres Wesen ist. Es ist aber gut, sich einen erfahrenen Begleiter auf diesem Weg zu suchen.

Wie würden sie sich die Kirche im 21. Jahrhundert vorstellen?

Ich wünsche mir eine Kirche, die der Frau die gleichen Rechte und Positionen einräumt wie dem Mann. Eine Kirche, die ein Beispiel setzt gegen die Unterdrückung und Ohnmacht der Frauen in den Religionen der Welt. Eine Kirche, die sich der Kreativität und Liebesfähigkeit der Frauen erinnert, die im Hintergrund in Religion und Gesellschaft immer schon eine große Rolle gespielt haben. Eine Kirche, die sich nicht in den Bischöfen und Priestern isoliert, sondern sich als Volk Gottes versteht und die Laien einschließt. Eine Kirche, die ökumenisch ist und sich nicht gegen andere christliche Kirchen und auch gegen andere Religionen fundamentalistisch abgrenzt. Eine Kirche, in der Theologen eine zeitgemäße Exegese verkünden dürfen und das Zwangszölibat abgeschafft ist.

Ich wünsche mir eine Kirche, in der das mystische Erbe des Christentums wieder lebendig wird. Eine Kirche, die darin ihre Zukunft erkennt.

Ich wünsche mir Theologen, die, ähnlich den Kirchenvätern in den Jahrhunderten nach Christus, noch einmal fragen: Was bedeutet Jesus für die Menschen des 21. Jahrhunderts? Schleppen wir nicht zu viel Hebräismus, Hellenismus, Paulinismus, Romanismus und damit eine antike Weltsicht in unseren Glaubensvorstellungen mit uns herum? Viele Menschen verstehen heute die Sprache und

Bilder nicht mehr, die noch immer unablässig wiederholt werden.

Können Sie noch einmal zusammenfassen, was Sie unter »Westöstlicher Weisheit« verstehen?

Weise Menschen des Ostens und des Westens haben tiefe transpersonale Erfahrungen gemacht. Aus ihren Erfahrungen sind die Religionen entstanden. Sie haben Wege beschrieben, damit ihre Mitmenschen auch an diese innere Quelle gelangen, die ihr Leben geprägt hat.

Diese Wege führen in die Erfahrung der hintergründigen, durch die Ratio nicht begreifbaren Wirklichkeit, der die Religionen zwar verschiedene Namen gegeben haben, die aber das Gleiche meinen. Die Wege führen alle auf den gleichen Gipfel, auch wenn die einen sagen, wir gehen rechts herum und die anderen lieber linksherum den Berg besteigen. Wir besitzen als Menschen in der Tiefe die gleiche Basis, auf der wir den Urgrund des Seins erfahren können, gleich welcher Kultur oder Religion wir angehören.

In der Westöstlichen Weisheit geht es um den Kern aller spirituellen Wege. Dieser Kern findet sich in allen Religionen, wenn sie über das Dogmatische und über das Bekenntnis hinausführen. Westöstliche Weisheit lehrt einen Übungsweg, der in eine Zurücknahme des Ich führt, damit eine Ebene sichtbar wird, die durch die Ich-Aktivität ständig verdeckt wird. Dies geschieht etwa durch ein Einswerden mit einem Fokus (Atem, Laut) oder durch ein »Schauen« in eine bildlose Leere. Es ist ein Übungsweg – man kann ihn auch Gebetsweg nennen –, der Hingabe, Disziplin und Konsequenz erfordert. Es ist ein Lebensweg, der den Menschen von innen her verwandelt.

Was ist ihre Vision für das 21. Jahrhundert?

Ich wünsche mir eine Transformation der Religion, die von einem theistischen Gott zu einer Seinserfahrung mit dem göttlichen Urprinzip führt. Ich wünsche mir eine Verantwortung für den Mitmenschen und die Welt, die nicht aus einem Auftrag, sondern aus der Erfahrung der Non-Dualität des Seins kommt. Was wir dem anderen antun, tun wir uns selbst an. Nicht das »du sollst deinen Nächsten lieben« hat mich geformt, sondern die Erfahrung, dass es keinen Nächsten gibt. Aus dieser Erfahrung ergibt sich die Verantwortung für die Erde und alles, was auf ihr lebt. Es gibt nur ein »Mitsein«.

Ich wünsche mir, dass im Religionsunterricht, in der Verkündigung und in der Theologie die Herrlichkeit unseres göttlichen Seins vermittelt wird, unsere einzigartige und einmalige Würde, und nicht nur unsere Sündhaftigkeit. Die Einheit mit Gott bedeutet einen dynamischen Lebensprozess, eine Umwandlung in das, was wir bereits sind. Das

Reich Gottes ist da, es ist ausgebreitet über diese Erde. Wir müssen uns nach innen wenden, um unsere Würde zu begreifen, aus der allein die Ethik der Liebe kommt.

Willigis Jäger

Willigis Jäger vertritt eine moderne und transkonfessionelle Spiritualität, die den spirituell Suchenden des 21. Jahrhunderts Antwort auf ihre drängenden Fragen gibt.

Als Benediktiner und Zenmeister ist er sowohl von der christlichen Mystik als auch dem östlichen Zen inspiriert und geht zugleich weit über die traditionellen Vorstellungen der Religionen hinaus. Seine Vision einer integralen Spiritualität vereint den großen Erfahrungsschatz der östlichen und westlichen Weisheit und bezieht auch neueste Erkenntnisse der Wissenschaften mit ein.

Seit 2003 ist Williges Jäger spiritueller Leiter des Benediktushofes in Holzkirchen, eines internationalen Zentrums für spirituelle Wege. Seine Vision einer globalen Spiritualität wird von einer ständig wachsenden Weggemeinschaft in der ganzen Welt gelebt.

Willigis Jäger ist einer der großen spirituellen Lehrer unserer Zeit. In seinen weltweit gehaltenen Kursen und Vorträgen weist er Wege in eine tiefe spirituelle Erfahrung, die Quelle ist für eine echte Erneuerung auf allen menschlichen und gesellschaftlichen Ebenen.

Kontakt:

    Christa Spannbauer
    Assistentin von Willigis Jäger
    Benediktushof
    Klosterstraße 10
    D-97292 Holzkirchen
    (09369) 98 38-22
    buero@willigis-jaeger.de
    www.willigis-jaeger.de

    www.benediktushof-holzkirchen.de

Raimon Panikkar

Professor Dr. Raimon Panikkar wurde 1918 in Barcelona als Sohn eines hinduistischen Vaters und einer katholischen Mutter geboren. Er vereinigt in seiner Person abendländisches Christentum und östliche Spiritualität und gilt weltweit als einer der bedeutendsten Visionäre und Mittler des interreligiösen Dialogs. Er ist katholischer Priester, promovierter Naturwissenschaftler und Philosoph. Er lebte und lehrte lange Zeit seines Lebens in Indien und hielt weltweit Gastprofessuren in vergleichender Religionsphilosophie, unter anderen in Madrid, Rom, Cambridge und den USA. Internationale Bekanntheit erlangte er auch als Autor zahlreicher Bücher zu Spiritualität und Mystik.

Katharina Shepherd-Kobel

Katharina Shepherd-Kobel erlernte in Japan Tuschmalerei und Kalligraphie und unterrichtet beides seit vielen Jahren. Sie lebt heute in der Schweiz und ist Autorin von *Zen in der Kunst der Tuschmalerei* und *Handbuch der Tuschmalerei*, beide im Theseus Verlag erschienen.

www.tuschmalerei.ch

Bibliografische Information der Deutschen Bibliothek
Die Deutsche Bibliothek verzeichnet diese Publikation in der
Deutschen Nationalbibliografie;
detaillierte bibliografische Daten sind im Internet über
http://dnb.ddb.de abrufbar.

ISBN 978-3-7831-9531-6

Originalausgabe

Lektorat: Ursula Richard

Copyright © 2007 Theseus Verlag
in der Verlag Kreuz GmbH,
Postfach 800669, 70506 Stuttgart

www.Theseus-Verlag.de

Alle Rechte vorbehalten

Umschlaggestaltung: Morian & Bayer-Eynck, Coesfeld,
www.mbedesign.de
unter Verwendung eines Fotos von © Hildegard Morian
Tuschbilder © Katharina Shepherd-Kobel
Autorenfoto © Stephan Köther
Gestaltung und Satz: Ingeburg Zoschke, Berlin
Druck: Freiburger Graphische Betriebe
Printed in Germany